일본은 멸망의 길을 가고 있다

안수한 지음

도서출판 장락

머리말

최근에 일본은 역사 교과서 개정판의 검정 신청본을 공개했는데, 이 개정판은 일본이 1900년대 초부터 동아시아 여러 나라를 침략하고 수많은 양민을 학살한 사실을 미화하는 내용으로 조작되었음이 드러났다.

중일전쟁은 중국이 먼저 도발했고 난진 대학살과 만주에서의 생체 실험은 사실이 아니라고 기술하고 있다. 또 대한민국의 강제 합병에 대해서는 한국 내에서도 합병을 수용하는 목소리가 있었고, 창씨개명은 강제로 한 것이 아니라고 기술하고 있다.

일본은 왜 침략과 살인을 미화하고 있는가.

일본의 역사서 「일본서기」에 일본 민족은 이웃 마을을 침범하고 약탈과 살인을 했다고 기록되어 있고 또 '화살을 머리 속에 감추고 칼을 옷 속에 찬다' 라고 기록되어 있다. 역사적으로 되풀이된 그들의 침략성과 기만성은 일본인의 염색체에 기록되어 현재까지 전해지고 있는 것이다.

1900년대 초부터 그들은 이웃 마을 대신 이웃 나라인 러시아, 중국, 대한

민국, 그리고 동남아의 여러 나라를 침범하고 살인과 약탈을 시작했다. 그러나 그들은 자기들의 잘못을 감추고 오히려 미화하고 있다.

이와 같은 그들의 호전성과 잔인성은 1945년 히로시마와 나가사키에 원자탄이 투하된 충격으로 제동이 걸려 지금은 비록 움츠리고 있으나 군사력이 강해지면 그들은 다시 이웃 나라를 침략하고 살인과 약탈을 시작할 것이다.

그러나 21세기는 지난 세기와 다르다. 만일 일본이 또다시 그런 짓을 한다면 이번에는 히로시마와 나가사키의 것과는 비교할 수 없을 만큼 강력한 원자탄 세례를 받아 결국 그들의 역사는 종말을 고하게 될 것이다.

우리는 일본의 멸망을 원치 않는다. 현재 일본 인구의 몇 %는 한반도에서 건너간 한민족의 후손이고, 오늘날 많은 한국인들이 재일교포라는 이름으로 그 땅에 살고 있기 때문이다. 한반도에서 건너간 우리 옛 조상들이 그러했듯이 그들도 머지않아 일본인이 될 것이다. 이와 같이 한·일 양국은 여러 면에서 밀접한 관계에 있으므로 우리는 이웃 나라 일본의 멸망을 바라지 않는다.

저자는 이 책을 통해 일본의 멸망을 막을 수 있는 두 가지 방법을 제안하고자 한다. 하나는 일본인 스스로가 해야 할 일이고, 다른 하나는 우리 국민이 해야 할 일이다.

부디 이 책이 일본어로 번역되어 일본인이 직접 읽게 되기를 희망한다. 그리하여 그들이 자기들의 민족성을 제대로 알고 고치려고 노력한다면 그들은 자국의 멸망을 막고 세계 평화를 유지하는 데 공조하게 될 것이다.

저자 안수한

목차

1. 역사서에 기록된 일본민족

(1) 일본의 건국신화

서기 712년에 편찬된 「고사기古事記」와 서기 720년에 편찬된 「일본서기日本書記」는 고대 일본의 정사正史를 기록한 일본의 역사서이다. 이들 역사서는 서기 500년경에 백제의 왕인王仁 박사가 불경과 한자를 일본에 가지고 간 지 약 200년 후에 편찬된 것이며, 한자로 기록되어 있다.

왕인 박사가 한자를 전하기 전에는 일본에 문자가 없었다는 사실이 중국의 역사서 「수서 왜국전隋書倭國傳」에 다음과 같이 기록되어 있다.

無文字 唯刻本 結繩 敬佛法 於百濟 求得 佛經 始有文字…
문자가 없었다. 나무를 파고 새끼를 꼬아 맬 뿐이었다. 불교를 받들었다. 백제에서 불경이 들어와서 처음으로 문자가 있게 되었다.

이것은 백제의 왕인 박사가 불경과 한자를 일본에 전한 사실을 기록한 것이다.

세계 여러 나라의 역사서에는 건국신화가 기록되어 있는 경우가 많은데 「고사기」와 「일본서기」에도 일본의 건국신화가 많은 부분을 차지하고 있다. 몇 가지 소개하면 다음과 같다.

태초에 하늘이 생기고 다음에 땅이 생겼다. 천지 속에서 한 신神이 탄생했는데 이 신이 천지창조의 신이다. 이어서 많은 신이 생겨났는데 이 가운데 양신陽神과 음신陰神이 탄생했고 이 두 신이 결혼하여 일본열도와 태양 신太陽神을 낳았다. 이 태양신이 일본 천황의 조상인 아마데라스 오미카 미天照大神이다.

태양신 아마데라스 오미카미는 남동생 스사노오노 미코도素盞鳴尊와 그 아들을 신라국新羅國에 강림시켰다고 다음과 같이 기록되어 있다.

素盞鳴尊 師其子 五十猛神 降到於 新羅國 居曾尸茂梨之處
스사노오노 미코도와 아들 개루노가미를 신라국에 강림시켜서 소시모 리라는 고장에서 지내게 했다.

또 태양신 아마데라스 오미카미는 손자 니니기노 미코도瓊瓊杵尊를 다른 신과 함께 하늘나라 다카마가 하라高天原에서 일본국의 큐슈에 강림시켜 일 본국을 세우고 다스리게 했다고 기록되어 있다.

일본서기의 기록에서 알 수 있는 바와 같이 신화 속의 일본은 신라와 같 은 시기에 건국된 것으로 되어 있다. 그렇다면 신라가 기원전 57년에 건국 되었으므로 일본은 기원 전후에 건국되었다고 볼 수 있다.

니니기노 미코도는 큐슈의 남부지방 가사사笠沙에서 예쁜 여인을 만나 결 혼하고 가정을 이루었다. 니니기노 미코도의 손자가 일본의 제1대 천황인 신무천황神武天皇이다.

일본서기에는 태양신의 자손이 일본국을 건국했고 그 고손자가 일본의 제1대 천황이라고 기록되어 있다. 일본인들은 현재의 천황도 태양신의 자손으로서 장장 2천6백년 동안 그 혈통을 이어오고 있다고 주장하면서 신으로 숭배하고 있다. 그러나 일본이 2천6백년 전에 건국되었다는 것은 날조된 것이다. 왜냐하면 일본서기에 일본의 건국신들이 신라에 왔다는 기록이 있으므로 일본국은 기원 전후에 건국된 것이라고 볼 수 있기 때문이다.

고사기의 천손강림기天孫降臨記에 중대한 사실이 기록되어 있다. 내용인 즉 니니기노 미코도가 큐슈에 강림하여 일본을 건국하고 궁궐을 건립할 때의 상황을 상세히 전하고 있다.

此地者 向韓國 眞來通 笠沙之 御前而 朝日之 直刺國 夕日之 日照國也
故此地 甚吉地 詔而 於底津 石根 宮柱 布斗斯理 於高天原 永椽多迦 斯理而坐也

이곳은 한국을 바라볼 수 있고 가사사笠沙와도 잘 통할 수 있어서 매우 좋으며, 아침해가 직접 비치는 나라, 저녁해도 잘 비치는 나라이다. 이와 같이 여기는 매우 좋은 곳이므로 이곳에 돌로 튼튼한 기둥을 세워 궁궐을 짓고 지붕 위에 다카마가 하라를 향하여 높이 나무를 세워라.

이와 같이 고사기에는 니니기노 미코도가 하늘나라高天原에서 큐슈에 강림하여 일본국을 건국하고 궁궐을 건립할 때 '이곳은 한국韓國이 잘 보이는 곳'이라고 기록되어 있다. 약 2천년 전에 일본을 건국할 때는 한국과는 아무런 관계가 없었을 터인데 왜 한국이 잘 보이는 곳에 궁궐을 짓게 된 것일까. 그리고 2천년 전 한국이라는 곳은 어디에 있었을까.

　중국의 역사서 「삼국지 위지 왜인전三國志魏志倭人傳」에는 한국에 대해 다음과 같이 기록되어 있다.

　郡至 倭循 海岸 水行 歷韓國 乍南 乍東 到其北岸 狗邪韓國 七千里 始度
一海 千余里 至對海國

군(이것은 대방군을 말하며 지금의 황해도와 경기도)에서 왜국에 가려면 해안선을 따라 한국의 남동쪽으로 구사한국까지 7천리를 가고 여기서 한 바다를 건너서 1천리 지점에 대마국(지금의 대마도)이 있다.

　위지 왜인전에는 한국이라는 지명이 두 번 나온다. 첫번째 한국은 마한馬韓으로 현재의 경기도와 충청도 지방을 지칭하고, 두 번째의 구사한국은 지금의 김해지방에 있었던 가야를 지칭한다.

　이상과 같이 고사기에 기록되어 있는 한국은 가야를 지칭하는 것이다. 니니기노 미코도가 하늘나라에서 큐슈에 강림하여 궁궐을 건립할 때 가야가 잘 보이는 곳을 택했다는 것은 일본의 건국신이 가야 사람이며, 가야 사람이 일본으로 가서 일본을 건국한 것이라는 추측을 가능하게 한다.

　고사기의 기록을 바탕으로 추정하면 일본의 건국은 기원 전후였음을 알수 있다. 즉 가야가 서기 40년경에 건국되었으므로 일본은 그 후에 건국되었을 것이다.

　이와 같은 추정을 뒷받침하는 또 하나의 증거가 있다. 니니기노 미코도가 하늘나라 다카마가 하라高天原에서 강림하여 일본국을 건국했다고 「고사기」
와 「일본서기」에 기록되어 있는데 다카마가 하라는 다카마高天가 있는 곳으
로, 다카마는 곧 가야의 고령高靈을 뜻한다. 즉 그들은 고령에서 이주하여
일본을 건국한 가야인을 신으로 숭배했고, 가야인이 살던 고령을 하늘나라
와 같이 신비한 곳으로 생각했던 것이다.

또 큐슈의 남부지방에는 가야·가락·가라의 명칭을 가진 신사가 있고
7자의 이름이 붙어 있는 신사가 많이 있다. 가라쿠니 우즈미내신사韓國宇豆
峰神社가 그 중의 하나이고 칠사신사七祀神社는 가야 김수로왕의 7왕자를 모
시는 신사라고 한다.

이러한 사실로 보아 일본서기에는 하늘나라에서 니니기노 미코도가 큐슈
에 강림하여 일본국을 건국하고 일본국을 다스린 것으로 기록되어 있으나
사실은 가야 김수로왕의 왕자들이 일본에 건너가서 일본을 건국하고 그곳
의 원주민을 다스린 것으로 추정해야 할 것이다.

(2) 중국 역사서에 기록된 일본민족

중국의 역사서에는 기원 전후부터 서기 1300년경까지 일본에 대한 기록
이 많이 있다. 중국의 역사서에는 고대 일본과 수교한 사실이 기록되어 있
다. 이는 일본에 대한 과장과 조작 등이 없는 사실 그대로의 기록으로 보아
도 좋을 것이다. 중국 역사서 중에 일본에 대한 기록을 전하는 역사서는 다

음과 같다.

　*후한서 왜전後漢書 倭傳

　*삼국지 위지 왜인전三國志 魏志 倭人傳

　*송서 왜국전宋書 倭國傳

　*수서 왜국전隋書 倭國傳

　*구당서 왜국 일본전舊唐書 倭國 日本傳

　*송사 일본전宋史 日本傳

　*원사 일본전元史 日本傳

이들 역사서에는 일본과 일본인에 대해 어떻게 기록되어 있는지 정리해 보기로 한다.

후한서 왜전

－ 왜倭는 한韓(조선반도의 삼한三韓을 말한다)의 동남 대해 중에 있고 산 과 섬이 많으며 100여 국이 있다. 무제武帝(기원전 140~87년) 때 한漢 나라에 통하는 나라는 30여국이었다.

－ 후한後漢의 광무제光武帝 건무建武 2년(기원전 57년)에 왜의 노국奴國이 조공을 바쳐왔다.

－ 후한의 안제安帝 원년(107년)에 왜의 국왕 사승師升이 남녀 노예 160명 을 헌상했다.

- 후한의 환제桓帝와 영제靈帝 사이에(148~188년) 왜국에 대란이 일어나서 수년간 서로 살육을 하는 동안 이 나라에는 주인이 없었다. 한 여자가 왕으로 옹립됨으로써 전쟁은 끝났다. 그 여자의 이름은 비미호卑彌呼라고 했다. 비미호는 나이가 많은데도 결혼을 하지 않았다. 그는 귀신을 믿고 사람을 잘 유혹했다.
- 여왕국에서 남쪽 4천여 리에 주유국朱儒國이 있었다. 이 나라 사람들의 키는 3~4척밖에 되지 않았다.

이상 후한서에 일본에 대해서 기록되어 있는 내용 몇 가지를 알아보았는데, 기원 전후에 일본을 왜국倭國이라고 했고 당시부터 왜국은 중국에 조공을 바쳤다고 기록되어 있다. 당시 일본인의 키는 3~4척 밖에 되지 않는 난쟁이였다. 그래서 일본인을 왜인, 일본을 왜국이라고 불렀다. 당시 왜국은 통일되지 않고 100여 개국으로 분열되어 있었다. 각 지방의 호족들이 각기 나라를 다스렸는데 이들 호족을 왕王이라고 했다.

삼국지 위지 왜인전

- 왜인은 대방帶方(지금의 경기도)의 동남해 중에 있고 산과 섬으로 이루어진 나라이다. 100여 개국이 있으나 이중에서 한漢 나라에 조공을 바치는 나라는 30여 개국이 된다.
- 왜인의 나라는 온난하여 겨울에도 채소를 먹는다. 왜인들은 부자父子

남녀男女의 구별이 없고 혼거混居한다.

- 이도국伊都國은 원래 남자가 왕이었으나 7,80년도 못 가서 동란이 일어나서 수년간 전쟁을 하였고 한 여자를 왕으로 옹립함으로써 전쟁은 끝났다. 이 여자의 이름은 비미호卑彌呼이다. 비미호는 사람을 잘 유혹하는 '점쟁이'이다.

- 이 여왕국의 동쪽 바다를 건너서 1,000여 리에 또 다른 나라가 있다. 그 나라의 사람들은 모두 왜종이다. 이들은 키가 3~4척 밖에 되지 않는 난쟁이이다

- 소제少帝 정시正始 8년(247년)에 비미호가 죽었다. 이때 순장된 노예가 100여 명이다. 남자 왕을 옹립했으나 나라 전체가 불복하여 1,000여 명이 사살당했다. 대신 비미호의 양녀를 왕으로 옹립했다. 이로써 나라가 진정되었다.

- 남녀는 모두 문신文身을 한다. 문신은 나라에 따라 다르며 어떤 나라는 몸의 오른쪽에 하고 어떤 나라는 왼쪽에 한다. 또 크게 하는 나라도 있고 작게 하는 나라도 있다.

이상 삼국지 위지 왜인전에 기록되어 있는 왜국에 대해 살펴보았는데 요약하면 다음과 같다.

당시 왜국에는 100여 개국이 있었으나 이 중 30여 개국이 한나라에 조공을 바쳤다. 왜인들은 아버지와 아들, 남자와 여자의 구별 없이 혼거생활을 했고 남녀 모두 문신을 했다. 원래 왜국은 남자가 왕이 되어 다스렸으나

7,80년이 못 가서 전쟁이 일어났으며 한 여자가 왕이 되어 전쟁을 수습했다. 이 여자의 이름은 비미호이다.

송서 왜국전

- 왜국은 고구려의 동남 대해 중에 있다. 대대로 조공을 바쳐왔다.
- 태조太祖 원가元嘉 2년(425년)에 왜왕 찬讚이 사신을 보내와 조공을 바쳤다.
- 순제順帝 승명 2년(478년)에 왜국의 사신이 조공을 바쳤으며, 말하기를 동쪽으로는 모인毛人의 나라 55개국과 서쪽으로는 중이衆夷의 나라 64개국 그리고 바다 건너 북쪽으로는 95개국을 정복했다고 한다.

이상 송서 왜국전에는 왜국의 왕이 조공을 했고, 한나라의 호족이 일본열도의 동쪽 지방 모인毛人의 나라와 서쪽 지방 중이의 나라, 그리고 바다 건너 북쪽 지방을 정복했다고 기록하고 있다.

수서 왜국전

- 수나라의 문제文帝 20년(서기 600년)에 왜왕이 있었다. 성은 아매阿每이고 자字는 다리사비호多利思比弧이다. 그가 사신을 보내왔다.
- 왜국에는 문자가 없었다. 단지 나무를 파고 새끼를 꼬아맬 뿐이었다.

불교를 받들었다. 백제에서 불경이 들어와 비로소 문자가 있게 되었다.

– 대업大業 3년(607년)에 왜의 왕 다리사비호가 사신을 보내와 조공을
바쳤다.

이상 수서 왜국전에는 백제의 왕인王仁 박사가 불경과 문자를 왜국에 전
한 사실이 기록되어 있고, 서기 670년까지 왜국이 통일되지 않고 지방 호족
들이 분할 통치했으며, 이 호족을 왕이라고 칭했던 사실이 기록되어 있다.

구당서 왜국 일본전

– 일본국은 왜국의 별명이다. 그 나라는 해뜨는 곳에 있으므로 나라 이
름을 일본日本이라고 고쳤다. 왜국이라는 이름이 좋지 않으므로 일본
으로 고쳤다고 한다. 일본은 옛 소국인 왜국을 병합한 것이다. 그 나라
는 동서남북으로 1,000리나 되고 서남쪽은 광대한 바다에 접해 있으며
동쪽과 북쪽에는 큰 산이 있다. 여기에 모인毛人이 살고 있다.

– 장안長安 3년(703년)에 그 나라의 대신大臣이 와서 조공을 바쳤다.

– 개원開元 초(713~714년)에 또 사신을 보내와 조공을 바쳤다.

– 정원貞元 20년(804년)에 학문스님 공해空海가 왔다.

구당서 왜국 일본전에 처음으로 왜국의 부족들이 통합하여 나라 이름을
일본이라고 고친 사실이 기록되어 있다. 이것은 신라 문무왕 10년(670년)

기록에도 있다.

송사 일본전

- 일본국은 원래 왜노국倭奴國이다. 해 뜨는 곳에 가까이 있기에 일본이
  라고 고쳤다. 그 나라는 동서남북 각각 수천 리이다. 서남쪽은 바다에
  면해 있고 동북쪽에는 큰 산이 있다. 산의 외부에는 모인毛人이 살고
  있다.
- 왜국은 후한에서 시작하여 위나라 · 진나라 · 송나라 · 수나라에 이르
  는 모든 나라에 조공을 바쳐왔다.
- 북송北宋 제2대 태종 원년(984년)에 일본국의 승려가 일본국의 직원령
  職員令과 왕연대기王年代記를 가지고 왔다.

이상으로 일본이 대대로 중국에 조공을 바쳤고, 984년에는 일본의 승려가
북송의 태종에게 일본국의 직원령과 왕연대기를 바쳤음을 알 수 있다. 왜국
은 후한에서 시작하여 위, 진, 송, 수, 그리고 당나라에 이르는 모든 나라에
조공을 바쳤는데 984년까지는 왜국의 통치자를 왕이라고 기록하고 있다.

북송 제2대 태종太宗(984년) 때 가져온 왕연대기에 처음으로 천황天皇이
라는 말이 나오는데 이 기록으로 추정하면 일본에 천황이 생긴 것은 800년
에서 980년 시이리고 볼 수 있디. 일본인들은 기원전 600년경부디 천황이
있었다고 주장하고 있으나 이는 메이지유신 때 왕권을 강화하기 위해 조작

한 것일 수도 있다.

(3) 한국 역사서에 기록된 일본민족

한반도의 역사서에도 기원 전후부터 조선 왕조 말인 1910년까지 왜인에
대한 기록이 많이 있다. 한국의 역사서에는 주로 왜인의 해적이 와서 해안
가의 농어촌을 습격하고 살인과 약탈을 했다는 기록이 많다. 한국의 역사서
중에 왜인에 대한 기록이 있는 것은 다음과 같다.
　*삼국유사
　*삼국사기 신라본기
　*삼국사기 백제본기
　*고려사
　*조선국사

이들 역사서에는 왜인과 왜국에 대해 어떻게 기록되어 있는지 살펴보기
로 한다.

삼국유사

신라 제8대 아달라왕阿達羅王 4년(158년)에 동해에 연오랑과 세오녀라는

부부가 있었는데 연오랑이 왜국으로 건너가서 한 부족국의 왕이 되었다고 기록하고 있다.

삼국사기 신라본기

- 시조 박혁거세 8년(기원전 50년)에 왜병이 변경을 침범하려 했으나 시조의 위덕에 눌려 곧 돌아갔다.
- 기마왕祇摩王 10년(121년)에 왜적이 동해의 변경을 침범했다.
- 아달라왕阿達羅王 20년(173년) 여름, 왜국의 여왕 비미호가 사신을 보내 화평을 요청해 왔다.
- 조분왕助賁王 3년(230년)에 왜인이 갑자기 금성金城을 에워쌌다. 왕이 친히 공격하자 적군은 도망쳤다. 이에 날랜 기병에게 추격령을 내려 1천여 명을 죽이고 생포했다.
- 내물왕奈勿王 9년(364년)에 왜인이 대군을 이끌고 침입한다는 소문을 들은 왕은 대적하기 힘들 것을 예상하여 풀로 수천 개의 허수아비를 만들어 옷을 입혀 사람처럼 위장한 뒤 무기까지 들려서 토함산 밑에 세워놓았으며, 용맹한 군사 1천 명을 부현釜峴과 동원東原에 매복시켰다. 왜병은 자기들 무리가 많음을 믿고 진격해왔다. 이때에 복병이 적을 불의에 습격하니 왜군은 모두 달아났다. 아군은 그들을 추격하여 거의 소탕했다.
- 실성왕實聖王 6년(407년)에 왜인들이 동해 변방을 침범하여 백성 1백

명을 납치하고 재물을 약탈해 갔다.

- 눌지왕訥祇王 24년(440년)에 왜인이 남해 변방을 침범하여 백성을 납치하고 재물을 약탈했다. 이해 여름 6월에 그들은 또다시 동해변을 침범했다.

- 소지마립간왕炤知麻立干王 22년(500년) 봄 3월, 왜군이 장봉진을 공격하여 함락시켰다.

- 문무왕文武王 10년(670년)에 왜국은 국명을 일본으로 고쳤다. 그들이 말하기를 "해뜨는 곳에 가까운 까닭에 이와 같이 이름했다" 라고 했다.

이상과 같이 신라시대는 왜인들이 해변가에 침범하여 살인과 약탈을 했고 어떤 때는 신라의 수도 금성까지 공격했다고 삼국사기 신라본기에 기록되어 있다.

왜국은 670년에 나라의 이름을 일본으로 고쳤다고 기록되어 있는데 이 시기에 일본이 통일된 것으로 추측된다. 중국의 역사서에도 670년 이전에는 왜국이라고 기록되어 있고, 10개 국으로 분할 통치되고 있었다고 씌어 있다.

삼국사기 백제본기

- 아신왕阿辛王 6년(397년) 여름 5월, 왕은 왜국과 더불어 수교를 맺었으며 이때 태자 전지를 인질로 보냈다. 12년 봄 2월에 왜국의 사신이 왔다. 왕은 이를 맞아 위로하고 후대했다.

- 전지왕腆支王 5년(409년) 왜국이 사신을 보내 야명구夜明球를 바쳤다. 왕은 그 사신을 우대했다. 전지왕 14년(418년) 여름, 사신을 왜국에 보낼 때 무명베 10필을 보냈다.
- 비유왕毗有王 2년(428년)에 왜국의 사신이 왔다. 그 시종이 50명에 달했다.
- 의자왕義慈王 13년(653년) 봄, 왕은 왜국과 수교를 맺었다.
- 의자왕 20년(660년)에 왜국의 군사를 백강의 어귀에서 만나 네 번 싸워 모두 이기고 전선 400여 척을 불태우니, 연기와 불길이 하늘에 충천하여 바닷물까지도 붉게 물들었다.

이상과 같이 백제는 제16대 왕(397년) 때부터 왜국과 수교를 맺었다. 수교는 마지막 왕인 의자왕까지 계속되었다. 이 사이에 백제는 불경과 한자를 왜국에 전하여 왜국의 문화 발전에 기여했으나 어떤 연유인지는 몰라도 의자왕 20년에 왜국의 군사가 백강의 어귀까지 침범했으므로 백제는 왜선을 불태우고 침몰시켰다.

고려사

- 충정왕忠定王 2년 2월에 왜구倭寇가 고성에 침입했다. 도령都領, 양관梁琯 등이 이를 막고 300여 명의 왜구를 시살했다.
- 충정왕 2년 4월에 순천을 침범한 왜선 100여 척이 살인과 약탈을 자행

했다.

- 충정왕 2년 5월에 왜선 66척이 순천에 침입했다. 이 중에서 아군이 한 척을 포획했다.
- 공민왕恭愍王 9년 5월에 왜구가 강화에 침입하여 300여 명의 양민을 학살하고 양곡 4만 석을 탈취했다.
- 공민왕 21년에 왜구가 동해의 안변安邊에 침입하여 부녀자를 납치하고 양곡 1만 석을 탈취했다.
- 공민왕 23년에 왜구가 양주襄州를 침범, 아군이 출동하여 100여 명을 사살했다.
- 공양왕恭讓王 23년에 왜구가 남양南陽에 침입하여 도관찰사 안경량이 병사를 이끌고 나가서 적을 격퇴하고 포로 15명을 잡아왔다.

이상 고려사에 기재되어 있는 왜구의 침입 사실 몇 건만을 설명했으나 사실 왜구는 고려 말기 약 30년 동안에 70여 차례에 걸쳐 우리 해안 마을을 침범하여 약탈과 살인을 일삼았다. 이에 대해 고려는 적극적으로 방위를 했다.

조선국사

- 선조宣祖 20년(1587년) 2월, 녹도 가리포에 왜구가 침입했다.
- 선조 25년(1592년) 4월, 왜국 사무라이의 두목인 도요토미 히데요시豊

臣秀吉가 이끄는 병선 10척이 부산포에 상륙했다. 이것이 임진왜란의 시작이었다. 이들은 2개월도 못 되어 수도 한양과 평양을 함락시켰다.

- 선조 31년(1598년) 6월, 왜군의 두목 도요토미의 죽음과 함께 임진왜란이 끝났다.
- 고종高宗 12년(1875년) 8월, 강화도 수병은 초지진草之鎭 앞바다에 나타난 일본 군함 운양호雲楊號를 포격, 퇴각한 운양호는 영종진永宗鎭을 포격했다. 10월 일본 해군이 부산에 들어와 시위를 했다. 12월 일본 전권 변리대신 구로다黑田淸隆와 부대신 이노우에井上馨가 군함을 이끌고 부산에 들어와 운양호 사건에 대해 회담을 요청했다.
- 고종 13년(1876년) 1월, 일본의 군함 7척이 경기도 남양만에 들어와 회담을 요구했다. 같은 해 1월에 접견대관接見大官 신헌과 부관 윤자승이 일본 접견대신 구로다, 부대신 이노우에와 만나 강화에서 회담을 했다. 2월 한일수호조규韓日守護條規(江華條約)를 조인했다.
- 고종 16년(1879년) 3월, 일본군관日本軍官이 동래부청東萊府廳을 습격했다.
- 고종 29년(1892년) 4월, 일본 어선이 화북포禾北浦에서 동민을 살해했다. 또 일본 어선이 두모리頭毛里에서 동민을 살해했다.
- 고종 32년(1895년) 7월, 일본공사 미우라三浦梧樓가 서울에 부임했다. 8월 일본공사 미우라가 재류 일본인과 더불어 경복궁에 들어가 민비閔妃를 시해했다.
- 순종 4년(1910년) 8월에 한일합병조약韓日合倂條約을 조인했다.

이상 신라 건국 초부터 백제·고려·조선에 이르기까지 왜인들은 한반도의 해안가에 침입하여 힘없는 농어민을 살해하고 곡식을 약탈했다. 1592년 그들은 대군을 이끌고 한반도에 침입하여 죄없는 우리 양민을 학살했고 우리의 값진 문화유산을 파괴했다. 또 조선조 말에는 합병을 반대하는 민비를 시해하면서 강제로 식민지배를 강행했다. 이처럼 일본인들은 1천 수백 년 동안 우리나라를 지속적으로 괴롭혀 왔다.

우리는 과연 언제까지 당하고만 있을 것인가. 우리의 미래를 위해서 우리는 더욱 적극적으로 대책을 세울 필요가 있다. 그러기 위해서는 우선 원인을 정확히 아는 일이 가장 중요하다.

다음에는 일본인이 이웃 나라를 침범하고 살인을 되풀이해온 원인을 찾아보기로 한다.

(4) 일본 민족의 조상은 구마소와 애조

일본서기의 신대기神代記에는 태양신 아마데라스 오미카미天照大神의 사돈이 하늘나라高天原에 있는 모든 신을 모아놓고, "내가 아시하라노 나가스구니葦原中國의 요사스러운 사귀邪鬼를 평정하여 다스릴까 한다. 누구를 내려보내는 것이 좋겠는가?"라고 물었다.

여기서 아시하라노 나가스구니는 큐슈九州를 말한다. 이 당시 큐슈에는 사귀가 거주하고 있었다는 것이다. 이 사귀는 요사스러운 집귀신이라는 뜻이다.

일본서기의 개이코 천황景行天皇 기에는 남쪽의 구마소熊襲가 반란을 일으키고 변계를 침범했다고 기록하고 있는데 구마소는 앞에서 설명한 '사귀'이다.

또 중국의 역사서 송서 왜국전에는 왜국의 동쪽에는 모인毛人이 있고 서쪽에는 중이衆夷가 살고 있다고 기록되어 있는데 중이는 일본서기에 기록되어 있는 구마소이다. 일본서기에는 구마소가 자주 반란을 일으켰으며 이에 대한 정벌의 기록이 많이 남아 있다.

큐슈의 원주민을 정복하고 다스렸던 정복자는 일본의 동쪽 지방으로 진출했는데 동쪽 지방과 북쪽 지방에는 또다른 원주민이 살고 있었다. 일본서기에는 이 원주민이 애조蝦夷라고 기록되어 있다.

이 애조는 중국의 역사서에 기록되어 있는 모인毛人이다. 중국의 역사서와 일본의 역사서에 의하면 일본민족의 조상은 큐슈지방의 구마소와 동쪽과 북쪽 지방의 애조라는 것을 알 수 있다. 이들은 모두 얼굴에 털이 많이 나 있고, 키가 3~4척 밖에 되지 않는 난쟁이들이었다.

이들 역사서에는 구마소와 애조가 오랫동안 통치자들에 반항했고, 그 본성이 매우 난폭했다고 기록되어 있다. 일본서기의 개이코 천황기에는 다음과 같은 기록이 있다.

其東夷也 識性暴强 凌犯爲宗 村之無長 邑之勿首 各貪封堺 並　相盜略

亦山有邪神 郊有姦鬼 遮衢塞徑 多令若人 其東夷之中 蝦夷是尤强焉 男

女交居 父子無別 冬則宿穴 夏則住樔衣毛飮血 昆弟相疑 登山如飛禽 行

草如走獸 承恩則忘 見怨必報 是以箭藏頭髻 刀佩衣中 或聚黨類 而犯邊

堺 或伺農桑 以略人民 擊則隱草 追則入山

동쪽의 오랑캐는 그 성질이 난폭하고 매우 힘이 세다. 남을 업신여기고 마을에는 촌장이 없고 읍에는 읍장이 없다. 남의 토지를 침범하고 서로 도적질을 한다. 산에는 사악한 귀신이 있고 동네 어귀에도 나쁜 귀신이 있어서 길 가는 사람을 막고 많은 사람을 괴롭힌다. 그 동쪽 오랑캐 중에서 애조가 가장 강하다. 애조는 남녀가 같이 지내고 부자父子의 구별이 없다. 겨울에는 굴속에서 살고 여름에는 나무 위에 집을 짓고 산다. 짐승의 가죽을 입고 피를 먹으며 형제는 서로 의심한다. 산에 오를 때는 날아다니는 새와 같고 들판을 지날 때는 달리는 짐승과 같다. 은혜를 입고도 잊어버리고 원수에게는 반드시 복수를 한다. 화살은 머리 속에 감추고 칼은 옷 속에 찬다. 도당을 모아 변계를 침범한다. 농가를 엿보다가 백성을 약탈하고 공격하면 풀 속에 숨고 추격하면 산 속으로 들어간다.

이상과 같이 일본의 원주민 애조의 본성이 일본의 역사서, 그것도 정사正史에 기록되어 있다. 간추려 보면 다음과 같다.

① 애조는 남을 업신여기고 남의 토지를 침범하며 자기들끼리 서로 도적

질한다.

② 산과 동네에 나쁜 귀신이 있어서 길 가는 사람을 막고 많은 사람을 괴롭힌다.

③ 애조는 남녀가 같이 지내고 부모 자녀 간의 구별이 없다.

④ 짐승의 가죽을 입고 피를 먹는다.

⑤ 은혜 입은 것은 잊지만 원수에게는 반드시 복수를 한다.

⑥ 화살은 머리 속에 감추고 칼은 옷 속에 찬다.

⑦ 도당을 모아 변계를 침범한다. 공격하면 풀 속에 숨고 추격하면 산 속으로 들어간다.

일본민족의 조상은 이처럼 아주 독특하다. 일본인들도 이것을 알고 있고 자기들의 조상이 좋지 않다고 생각했음인지 최근에는 구마소와 애조는 일본의 원주민이 아니라고 주장하고 있다.

일본서기의 해설자 사가모도坂木太郎는 그의 저서에서 "구마소는 큐슈의 남부지방에 거주했다고 전해진 이민족이다"라고 주장하고 있다. 어불성설이다. 2천년 전부터 거주했던 원주민이 일본민족의 조상이 아니고 누구며, 섬나라 일본에 어떻게 그많은 이민족이 이주해올 수가 있겠는가.

또한 그들은 애조도 역시 일본민족의 조상이 아니고 이민족이라고 주장하고 있다. 일본서기에 '애조는 난폭하고 천한 오랑캐'라고 기록되어 있으므로 일본인들은 1800년대부터는 아예 애조라는 말 대신 '아이누'라는 말을 쓰기 시작했으며 '아이누는 일본민족의 조상이 아니라 북방의 이민족'

이라고 주장하고 있다.

그러나 메이지유신 이후 양심적인 일본인 학자들과 외국인에 의해 일본 민족의 뿌리에 대한 연구가 시작되었다. 그 연구 결과 중 몇 가지를 소개하고자 한다.

*도리이鳥井龍藏의 아이누 설

교토 제국대학 의학부의 도리이 교수는 고대로부터 현대에 이르기까지 1,400여 개의 인골을 수집 조사한 결과, 현대 일본인과 현대 아이누인 그리고 석기시대 원주민의 인골에 공통점이 있음을 발견했다. 도리이 교수는 석기시대의 원주민 애조와 아이누인은 같은 민족이고, 그들이 바로 현대 일본인의 조상이라고 주장하고 있다.

*씨이볼드의 연구

1823년에 일본 나가사키長崎에 와 있던 네덜란드 무역회사에 근무하던 씨이볼드씨는 일본민족의 뿌리에 관심을 가지고 고고학적인 접근을 시도했다. 우선 그는 일본의 각 지방에서 출토한 석기를 수집했다.

이들 석기 중에 석촉(돌로 만든 화살촉)이 일본 각지에서 출토되었고, 특히 일본의 동쪽과 북쪽 지방에서 더 많이 출토되었다는 것을 알게 되었다. 일본 열도의 동북지방은 일본서기에 기록되어 있는 애조의 거주지였고, 현재도 아이누인이 많이 살고 있다. 아이누인이 최근까지 석촉을 사용하고 있었으므로 2천년 전의 아이누인, 즉 애조가 일본 열도에 살고 있었다는 것을 알 수 있다.

왜인이 석촉을 사용했다는 것은 우리나라 삼국사기 신라본기에도 기록되어 있다.

신라 제 20대 자비왕 2년(459년)에는 다음과 같은 기록이 있다.

여름 4월, 왜군이 병선 1백 척으로 침공하여 동해안 변방을 습격, 월성을 에워싸고 공격해왔는데 시석矢石이 빗발치듯했다.

이 기록에서 시석은 석촉과 같은 것이다. 이와 같은 역사서의 기록으로 미루어 기원 전후부터 신라를 침범하여 살인과 약탈을 되풀이한 왜구도 애조였고, 그 자손인 아이누인이 최근까지 석촉을 사용했던 것이다.

도리이 교수의 연구와 씨이볼드의 연구 그리고 삼국사기 신라본기의 기록 등으로 미루어 애조가 일본인의 조상이라는 것은 의심의 여지가 없다. 일본인들은 이런 자기 조상을 부끄럽게 생각한 나머지 그것을 숨기려 했으나 양심적인 학자와 외국인에 의해 진실이 조금씩 밝혀지고 있다.

(5) 일본민족의 조상은 식인종이었다

앞에서 소개한 바와 같이 일본서기에 '애조는 피를 먹는다'라고 기록되어 있는데 이것은 무슨 뜻인가. 피에는 동물의 피도 있고 사람의 피도 있으며 동물의 피는 오늘날에도 먹는 사람들이 간혹 있다. 기원 전후에는 식량이 부족했고 따라서 동물을 잡아먹는 일이 있었을 것이다. 그런데 역사서, 그것도 일국의 정사에 기록되어 있는 것이라면 무언가 이유가 있을 것이다. 동물의 피를 먹는 일처럼 특별할 것 없는 일을 기록하지는 않았을 것이다.

그러면 애조는 사람의 피를 먹었다는 얘기일까. 일본에 와서 고고학을 연구하던 미국인 모르스E.C.Morse 씨는 일본열도에 식인종이 살고 있었다는 사실을 1877년에 밝혀냈다. 일본에는 조개껍질 무덤[貝塚]이 많이 있는데 이것은 조개껍질을 한군데에 모아서 묻은 것을 말한다.

도쿄 부근의 오오모리大森에서 조개껍질 무덤을 처음 발견한 모르스씨는 여기서 조개껍질과 함께 노루, 멧돼지의 뼈에 섞여 있는 사람의 뼈도 발굴했다. 발굴된 사람의 뼈는 노루, 멧돼지의 뼈와 함께 예리한 도구에 의해 잘려 있었다. 고고학자인 그는 이것을 통해 옛 일본인들이 동물과 함께 인육을 먹은 것으로 결론지었다.

여기뿐만이 아니다. 일본열도 중부 나고야 부근의 이가와즈伊川津에 있는 조개껍질 무덤에서도 예리한 도구에 의해 잘린 사람의 뼈가 발굴되었으며 동쪽 지방의 가나가와 현에 있는 오오우라야마大浦山 동굴과 그 부근의 마구지間口 동굴에서도 같은 형태의 뼈가 발굴되었다. 이들 동굴의 뼈들은 약 2천년 전의 것으로 추정되었다.

이와 같은 사실로 조개껍질 무덤과 동굴 속에서 발굴된 인골을 통해 '애조는 피를 먹는다' 라는 일본서기의 기록에서 피를 먹는다는 것이 바로 사람의 피를 일컫는 것이며, 애조가 식인종이었다는 사실을 알 수 있다.

일본인들은 이 식인종을 아이누인 이전에 일본열도에 거주했던 '푸레아이누인' 이라고 주장하고 있으나, 푸레아이누인이 곧 일본서기에 기록되어 있는 애조이고 2천년 전 일본열도에 거주했던 일본민족의 조상이다.

2. 조작된 일본의 역사

(1) 천황가의 만세일계萬歲一系라는 전통은 조작된 것

일본의 역사서 「일본서기」에 의하면 천황가天皇家는 태양신의 자손이고 제1대 신무천황神武天皇에서 시작하여 현재까지 125대에 걸쳐서 같은 혈통으로 이어지고 있다고 한다. 제1대 천황의 취임년도는 확실하지 않으나 후세에 이것을 조작하여 지금으로부터 2천6백년 전에 천황가가 시작되었다고 하고 있다. 이것을 만세일계萬歲一系의 혈통이라고 하여 자랑하고 있는 것이다.

그러나 중국의 역사서와 한반도의 역사를 연구해 보면 이것은 조작된 것임을 알 수 있다. 우리나라의 역사서 삼국사기 신라본기에는 문무왕 10년(670년)에 왜국이 국호를 일본으로 고쳤다는 기록이 있고, 구당서 왜국 일본전에도 국호를 왜국에서 일본으로 고쳤다는 기록이 있다.

670년 전에는 왜국倭國이라고 기록되어 있고, 왜국에는 10여 개의 부족국가가 있었다. 이들 역사서는 부족국가를 통치한 호족들을 왕이라고 했다. 또 송사 일본전에 처음으로 일본의 천황이라는 이름이 나온다. 중국의 모든 역사서에는 900년경까지 일본의 왕이 '왜국의 왕'으로 기록되어 있고, 984년 이후에 천황이라는 명칭이 나오므로 일본의 천황은 900년 이후에 생긴 것으로 추정된다.

만세일계라는 천황가의 혈통에 대해서는 또 다른 이론이 있다. 일본 천황기의 기미민족설騎馬民族說을 주장해온 도쿄대학의 애가미江上波夫 교수는 백제가 660년에 멸망할 때 그 왕족들이 일본에 건너가서 일본을 정복하고 통치했다고 주장하고 있다.

이와 같이 여러 역사서에 기록되어 있는 사실들로 미루어 일본 천황가의 만세일계의 혈통은 조작된 것을 알 수 있다. 그러나 일본인들은 일본은 지금으로부터 2천6백여년 전에 건국되었고, 그때부터 천황이 통치하여 오늘날에 이르고 있다고 주장하고 있다.

「일본사의 진수眞髓」라는 책을 쓴 와타나베渡邊昇一는 일본천황가의 혈통은 만세일계이며 세계 어느 나라에서도 찾아볼 수 없는 자랑이라고 주장하고 있다. 황국사상을 신봉하는 무리들이 선량한 국민을 오도하고 역사를 조작하고 있는 것이다.

(2) 삼종의 신기는 가야에서 가지고 간 것

일본에는 천황의 왕권의 상징인 '삼종三種의 신기神器'라는 것이 있다. 이것은 천황가의 시조 니니기노 미코도가 하늘나라 다카마가 하라에서 가지고 왔다는 세 가지 금속 보물이다.

일본서기의 신대기神代記에는 태양신 아마데라스 오미카미天照大神가 그의 손자 니니기노 미코도에게 거울·검·곡옥曲玉의 3가지 보물을 하사했다고 기록되어 있다.

일본인은 천황의 시조 태양신에게서 받았다는 삼종의 신기를 신성시하며 이것을 천황이 거주하는 황거皇居와 태양신을 모시는 신사 등에 모셔두고서

천황이 바뀔 때마다 왕권의 상징으로 물려주고 있다.

그런데 앞에서 거론한 바와 같이 제1대 천황의 존재는 명확하지 않다. 또한 하늘나라에서 가져왔다는 삼종의 신기는 1182년 나이 어린 안도쿠 천황安德天皇과 함께 일본열도의 서쪽 끝 바다에 빠져서 이미 없어져버렸다. 그러나 일본인들은 검만 없어졌고 거울과 곡옥은 다시 찾았다고 주장하고 있다.

내용은 이렇다. 당시 사무라이武士의 두 집안인 다히라가平家와 미나모도가源家가 서로 중앙의 권력을 장악하려고 동란을 일으켰다. 다히라가는 중앙에서 천황을 옹립하고 있었고 미나모도가는 지방 사무라이였으므로 상대적으로 불리한 입장이었다. 그러나 전세는 다히라가 쪽이 불리해졌고, 그들은 당시 수도였던 교토에서 일본 열도의 서쪽 끝으로 쫓기게 되었다. 마지막 결전을 하기 전에 미나모도가는 사신을 보내어 화전和戰을 제의했다. 안도쿠 천황이 가지고 있는 삼종의 신기를 건네주면 화전을 하겠다는 것이었다.

그러나 다히라가는 이것을 거절했다. 마지막 결전은 바다에서 이루어졌다. 이 결전에서 전세가 불리해져 멸망이 눈에 보이자 다히라가는 젊은 천황과 함께 바다로 뛰어들어버렸다. 이때 안도쿠 천황이 가지고 있던 삼종의 신기도 바다 속에 수장되었다.

그후 일본인들은 거울과 곡옥은 다시 찾았고 검만 못 찾았다고 주장하고 있으나 바다 속에 수장된 것을 언제 어떻게 찾았는지는 밝히지 않고 있다.

1995년 옛 가야의 성터였던 김해의 양동리良洞里 126호 고분에서 가야시대의 동검銅劍과 동경銅鏡이 발굴되었는데 이것이 삼종의 신기와 거의 같은 것이라고 한다.

삼종의 신기를 가지고 왔다는 니니기노 미코도가 가야에서 일본으로 건너가 일본을 정복하고 다스렸던 것으로 추정되는 만큼, 삼종의 신기는 가야에서 전해진 것으로 생각하는 것이 타당하다. 기원 전후의 일본에는 금속과 보물이 없었을 것이므로 가야에서 가지고 갔다는 설은 설득력이 있다.

(3) 신공황후의 신라정벌은 조작된 것

일본서기의 신공황후神功皇后 기에 신공이 신라를 정벌했다는 다음과 같은 기록이 있다.

遂入其國中 封重寶府庫 收圖籍之書 卽以皇后所杖矛 樹於新羅王門 爲後葉之印 故其矛令猶樹于新羅 王之門也 爰新羅王 波沙寐錦 卽以 微叱己知波珍于岐 爲質 仍齊金銀彩色及 綾羅 絹 載于八十艘船 令從官軍 是以新羅王 常以八十船之調 貢于日本國

드디어 그 나라에 쳐들어가서 보물과 창고를 봉하고 토지의 도면을 접수했다. 즉 황후는 가지고 간 창을 신라왕의 대문에 세우고 항복의 증거로 삼았다. 신라 파사매금왕과 그 왕자를 인질로 잡고 금은과 여러 종류의 비단을 80척의 배에 싣고 관군에 따르다. 이후 신라왕은 해마다 80척의 배에 보물과 비단을 싣고 일본국에 조공을 바쳐왔다.

또 아래와 같은 기록도 있다.
其是之緣也 於是高麗百濟 二國王聞 新羅收圖籍 降於日本國 密令伺 其軍
勢 則知不可勝 自來于營外 叩頭而款日 從令以後 永稱西蕃 不絕朝貢
이것이 인연이 되어 고구려와 백제의 두 나라 왕들은 신라가 토지문서를
가지고 일본국에 항복했다는 소문을 듣고 일본국에는 도저히 이길 수 없
다고 생각하여 자진하여 조공을 바치겠다고 알려왔다.

이 같은 일본서기의 기록은 허무맹랑한 것이다. 이 기록이 조작되었음을
밝힐 수 있는 역사적 기록들이 있기 때문이다. 첫째 신공황후는 조작된 인
물이다. 신공황후는 중국의 역사와 신라의 역사에 기록된 비미호이고, 그
재임연대는 170~183년인데 삼국사기 신라본기에는 아달라왕阿達羅王 20년
(173년)에 있었던 일을 다음과 같은 기록으로 남겨 놓았다.

二十年五月 倭王卑彌呼 遺使來聘
20년 5월, 왜국의 여왕 비미호가 사신을 보내 화평을 요청해왔다.

또 중국의 역사서 후한서 왜전에는 다음과 같은 기록이 남아 있다.

桓靈帝間 倭國大亂 更相攻伐 歷年 無主 有一女子 名卑彌呼 年長不嫁 事

鬼神道能以妖惑衆 於是立爲王

후한의 한제와 영제 사이에(170~189년) 왜국에 대란이 나서 서로 전쟁을 하는 사이에 주인이 없어졌다. 비미호라 불리는 한 여자가 있었는데 나이가 많았으나 시집을 가지 않았다. (그들은) 귀신을 믿고 사람을 유혹하는 데에 능한 비미호를 왕으로 세웠다.

또 위지 왜인전에는 다음과 같은 기록이 있다.

至投馬國 水行二十日 五萬戶 南支邪馬壹國 女王之所都 七萬戶

배를 타고 20일 가면 투마국이 있다. 5만 호의 주민이 살고 있다. 그 남쪽에 사마일국이 있다. 여왕이 사는 곳으로서 7만 호의 주민이 살고 있다.

이와 같이 신공황후가 신라를 정복했다는 시기에 왜국에는 천황이 없었고 따라서 신공황후는 존재하지 않았다. 당시 왜국에는 10여 개의 부족국가가 있었고 이들이 서로 전쟁을 하고 있었으므로 신라와 전쟁을 할 만한 여유가 없었다.

둘째, 일본서기의 신공황후기에는 신라의 왕 파사매금이 항복을 했다고 기록되어 있는데 신라에는 파사매금이라는 왕이 없다. 만약 이것이 파사이사금婆娑尼師今 왕의 오기誤記라면 이 왕의 재임기간은 서기 80~112년이었으므로 신공황후와 같은 시대의 사람이 아니라는 말이 된다. 그러므로 신공황후는 조작된 인물이며 신라가 항복을 했다는 것 또한 조작된 사실이다.

또 고구려와 백제도 항복을 했다고 기록되어 있으나, 우리나라 역사서와 중국의 역사서에는 이들 나라가 일본과 전쟁을 했다는 기록이 없을 뿐더러 일본에 패망했다는 기록은 전혀 찾을 수 없다.

그러나 일본은 신공황후가 신라를 정복했다고 믿고 있다. 최근에 출간된 와타나베의 「일본사의 진수」에도 신공황후가 신라를 정복했다고 기록하고 있으며 그 외의 많은 학자들이 터무니없이 그런 주장을 하고 있다.

일본인들은 언제까지 날조된 일본서기의 기록을 후세의 젊은이들에게 가르칠 것인가. 일본서기에 의하면 일본인들의 조상 애조는 화살을 머리 속에 숨기고 칼을 옷 속에 찬다고 기록되어 있는데 무엇이든 감추고 숨기는 선조의 본성이 후손에 전해지고 있는 것인가.

(4) 임나 일본부는 없었다

일본서기 유라구 천황雄略天皇 기에 처음으로 임나任那라는 지명이 나온다. 그후 게이다이 천황繼體天皇(507~534년) 기에는 '임나에 일본현읍日本縣邑이 있다' 고 기록되어 있다.

그러나 삼국사기와 중국의 역사서에 한반도에 일본의 식민지가 있었다는 기록은 눈을 씻고도 찾아볼 수 없다. 일본서기의 기록이 조직된 깃이다.

이 시대에는 일본이라는 나라가 없었다. 역사서에는 다만 왜국이라고 기록되어 있을 뿐이다. 왜국의 소국들이 통합되어 일본이라고 나라이름을 고친 것은 670년이었다. 게이다이 시대는 왜국이었으므로 당연히 왜국의 현읍이라고 기록되어야 마땅할 것인데 일본의 현읍이라고 기록하고 있으니 이것으로도 조작된 것임을 알 수 있다.

이는 우리가 조선의 역사를 기록할 때 당시의 영의정을 국무총리라고 기록하는 것과 똑같은 것이다. 일국의 정사正史를 편찬하는 데 어찌 이와 같은 일이 있을 수 있겠는가. 일본인들은 이처럼 역사를 조작해놓고 그 조작된 기록을 국민에게 교육하고 있다.

1995년에 발간된 일본사 연표 핸드북에는 다음과 같이 기록되어 있다.

'신라가 임나의 관가官家(일본의 직할지)를 멸망시켰다. 이것으로 일본은 조선반도 내의 거점을 잃었다.'

이것은 532년 가야가 나라의 국고와 보물을 가지고 와서 신라에 항복한 것을 의미하는 것이다. 결국 일본서기에 기록되어 있는 임나는 가야를 지칭하는 것이다.

그러나 삼국사기와 삼국유사에 의하면 가야는 42년에 건국되어 532년에 멸망하기까지 490년간 자국을 지키기 위해 때로는 신라와 전쟁을 하기도 했던 당당한 독립국가였다.

(5) 칠지도 명문의 조작

일본서기 신공 52년(230년) 기에 다음과 같은 기록이 있다.

久氐等 從千熊長彦 詣之 則獻 七技刀一口 七子鏡 二面 及種種寶
지구마노나가히고가 안내하여 데리고 온 구저 등이 칠지도 한 자루와 칠
자경 하나 그리고 여러 가지 보물을 헌상했다.

백제의 사신 구저久氐 등이 왜왕 신공황후에게 칠지도와 기타 여러 가지
보물을 바쳤다는 것이다. 여기서 신공황후는 앞에서도 언급한 바와 같이 실
존 인물이 아니었다. 삼국사기와 중국의 역사서에 기록되어 있는 바와 같이
신공황후는 큐슈의 한 부족국가의 여왕인 비미호라고 추정된다.

당시의 강대국 백제가 큐슈의 한 부족국의 여왕에게 칠지도를 헌상했다
는 일본서기의 기록은 조작된 것이다.

메이지유신 이후 일본의 권력자들은 한반도를 침략하기 위해 일본서기를
토대로 그들이 신라와 백제를 정벌했었다는 물증을 찾으려고 혈안이 되어
있었다. 마침 이때 나라현에 있는 이소노가미 신궁石上神宮의 경내에서 일본
서기에 기록되어 있는 것과 같은 칠지도가 발굴되었다. 이 칠지도에는 총 61
자의 명문이 새겨져 있었으나 누군가가 이 명문 중 15자를 지웠다. 명문은
다음과 같다.

泰□四年 □月十之日 丙年正陽 造百練□ 七枝刀 □□百兵 宣□供候王

□□□□ 作 先世以來 百濟□世□ 寄生聖音 故爲倭王 旨造□□□世

지워진 15개의 글자는 전체 명문을 해석하는 데 핵심이 되는 중요한 부분이다. 즉 이 명문은 지워진 글자에 따라서 여러 다른 해석이 가능하다. 이것을 일본의 사학자들은 다음과 같이 해석하고 있다.

'백제의 왕세자가 왜왕을 위해 성음의 뜻을 받들어 만든 칠지도를 헌상했다.'

이렇게 해석한다면 일본서기의 기록과 일치하는 것이 된다. 그러나 우리나라 사학자들은 당시의 두 나라 국력을 감안하여 지워진 글자를 추정, 다음과 같이 해석했다.

'백년철로 칠지도를 만들었으니 백병을 막아낸 제왕諸王과 제후諸侯들에게 골고루 나누어 주도록 칠지도와 같은 것을 만드시오. 옛날부터 이칼과 같은 것은 아직 없으나 백제 왕세자가 성음의 뜻에 따라 귀하를 왜왕이 되게 했으니 이와 같은 것을 만들어서 그 뜻을 후세에 전하도록하시오.'

이와 같이 해석하면 백제의 왕세자가 왜왕에게 칠지도를 하사했다는 뜻이

된다. 또 이것과 똑같은 칠지도를 만들어서 제왕과 제후에게 나누어주라고 했으니 일본열도의 다른 곳에서도 이와 같은 것을 발굴할 수 있을 것이다.

이 추정을 뒷받침하듯이 1971년 도치기현栃木縣의 고야마시小山市에서 이소노가미 신궁에서 발굴된 칠지도와 같은 형태의 칼이 발굴되었다. 이로써 우리나라 사학자들의 해석이 옳았음이 드러났다.

여기서 우리는 이소노가미 신궁에서 발굴된 칠지도의 명문을 누가, 왜 지웠을까에 대한 의문을 갖지 않을 수 없다. 여러 가지 설이 있으나 그 중에서도 이소노가미 신궁의 궁사宮司인 간마사도管政友가 지웠다는 설이 가장 유력하다. 간마사도는 거의 광신자에 가깝게 황국사관을 철저히 신봉하는 자로서, 일본서기의 기록과 들어맞게 하기 위해 명문에서 결정적인 글자들을 쇠줄로 지웠을 거라는 얘기다.

칠지도의 명문에도 명시되어 있듯이 백년철로 만들었으니 쉽게 지워지지는 않았을 것이다. 「잃어버린 역사를 찾아서」의 저자 서희건씨는 "이소노가미 신궁에서 실제로 칠지도를 보았는데 지워진 글자는 쇠줄 같은 것으로 깎여 있었다"라고 했다.

이처럼 일본인들의 역사 왜곡의 수법은 참으로 상상을 초월할 지경인 것이다.

(6) 조작된 일본의 천황릉

「역설의 일본역사」라는 책을 쓴 이자와井澤之彦는 그의 저서에서 일본 천황의 능은 대부분 조작된 것이라고 주장하고 있다. 내용을 간추려보면 다음과 같다.

① 명확히 누구의 능이라고 단정할 수 있는 능은 극히 적다.
② 천황릉은 메이지유신 때(1868년) 주먹구구식으로 정한 것이었으므로 현대 고고학에서 따져보면 의문점이 많다.
③ 그럼에도 불구하고 일본 정부는 천황릉에 대한 발굴조사를 못하게 하고, 고고학자들의 능내 출입도 금하고 있다.

지금의 일본천황이 125대이므로 일본에는 현재 124개의 천황릉이 있다는 계산이 되는데 그 중 피장자가 명확한 것은 10여 개밖에 되지 않는다고 하니 거의 대부분의 능의 피장자가 불확실한 셈이다. 또 한 가지 우스운 것은 2대에서 10대까지의 천황은 결사9대缺史九代라고 하여 일본서기에도 이들 천황에 대한 기록이 극히 적고, 단지 사망했다는 기록만 있을 뿐 능에 대한 명확한 기록이 없는데도 이들의 능이 현존한다는 것이다.

제1대 진무천황은 기원전 660년에 취임하여 127세로 사망한 것으로 되어 있는데 이때는 일본이 통일되지 않았고 천황이라는 것이 없었다. 진무천황의 능이 지금 나라현에 있는데 메이지유신 때 3개의 고분을 골라서 그 중 가장 그럴 듯한 것을 하나 정해 만들어 놓은 것이라고 한다.

이것보다 더 우스운 예도 있다. 21대 유라구 천황릉은 원래 따로따로 있던 원분圓墳과 방분方墳을 멋대로 합쳐서 전방후원릉前方後圓陵으로 만든 사실이 고고학자의 연구에 의해 밝혀졌다. 또 46대 고오갱孝謙 여왕의 능은 전방후원릉인데, 원래 고오갱 시대인 8세기에는 전방후원릉이 없었으며, 그것은 현대 고고학의 상식이라는 것이다.

이상 예로 든 것은 불과 몇 개 안 되지만 이자와는 천황릉의 거의 대부분이 날조되었다고 주장한다. 메이지유신 때 천황릉이 없는 게 이상하다고 생각하여 차례차례 날조했다는 것이다.

본디 일본인들은 역사와 민족의 뿌리를 조작하는 고약한 본성이 있음을 알고 있으나 이처럼 조상의 능까지 조작하고 있음에 새삼 더 놀라지 않을 수 없다. 세계 어느 나라 어느 민족이 조상의 능까지 조작하려 들겠는가. 더욱 우스운 일은 조작이며 거짓이라는 것을 익히 알면서도 그것을 바로잡지 않고 어떤 귀신이 묻혀 있는지도 모르는 능 앞에서 절을 하고 기도를 한다는 사실이다.

천황릉이 잘못되었음을 알았다면 즉시 발굴을 하고 조사 연구에 주력케 하여 이를 바로잡는 것이 마땅한 일인데, 일본 정부는 발굴은커녕 심지어 고고학자들이 능 경내에 출입하는 것조차 막고 있다고 한다. 왜 그럴까. 이자와는 자신의 책에서 이 물음에 대한 답을 이렇게 적고 있다.

'천황의 능을 발굴하면 천황가와 한반도의 관계가 밝혀지기 때문에 반대하고 있다. 구체적으로 말하면 천황가의 조상이 한반도에서 건너왔다는 증거가 밝혀질 우려가 있기 때문에 발굴은 물론 연구조차도 못하게 하고 있는

것이다.'

　이와 같은 이자와의 주장은 맞는 말이다. 일본은 태평양 전쟁 패망 전에
는 천황은 물론 역사에 대해서 연구도 못하게 했으나 전후 도쿄대학의 애가
미江上波夫 교수는 기마민족설을 주장했다. 이 학설은 한반도의 기마집단이
일본에 건너가서 일본을 정복했다는 것으로, 결국 일본의 천황가는 한반도
에서 건너간 한국인의 후손이라는 것이다. 애가미 교수는 1991년 가야의 옛
도읍이었던 김해를 답사하고, 김해에서 발굴된 가야시대의 발굴 유물과 일
본서기에 기록되어 있는 신화 등을 비교 연구하여, 일본서기에 기록되어 있
는 건국신들은 가야국 김수로 왕의 왕자들이라고 주장했다.

　일본의 역사학자들이 천황가의 조상은 한반도에서 건너온 사람들이며,
그들이 일본의 원주민을 정벌하고 일본의 정복자가 되었다는 사실을 입증
하고 있는데도 일본 정부는 이와 같은 사실을 숨기기 위해 천황릉의 발굴은
물론 연구조차 못하게 하고 있는 것이다. 일본인들은 무엇이든 감추는 본
성이 있는데 천황릉에 대한 연구 금지는 그 같은 애조의 본성에서 비롯된
것이다.

3. 애조에서 이어받은 일본의 문화와 관습

(1) 에드워드 윌슨과 칼 세이건의 학설

　사회 생물학자들의 학설에 의하면 인간의 문화와 관습은 당대에 갑자기 이루어지는 것이 아니고 그 조상에서 유전된다고 한다. 에드워드 윌슨 Edward Willson은 '인간의 사회적 언동은 유전된다' 라고 했고, 칼 세이건 Carl Sagan은 '인간의 사회생활에 있어서 경험한 획기적인 체험은 그 개인의 죽음과 함께 사라지는 것이 아니고 인간의 염색체DNA에 기록되었다가 유전자를 통해 오랜 후세까지 전달된다' 는 것이다.

　이 학설에 의하면 현재 우리의 사회적 언동은 조상들로부터 유전된 것과 현세대의 언동이 합성된 것이라고 할 수 있다. 일본의 문화와 관습은 일본인의 조상 애조에서 이어받은 것이다. 일본서기에 기록된 애조의 본성을 우리는 앞에서 이미 살펴보았다.

　이 장에서는 애조의 본성이 오늘날 일본인들에게 어떻게 전해지고 있는지 여러 가지 관습을 통해 알아보기로 하자.

(2) 남녀가 같이 지내고 부자父子의 구별이 없다

　일본서기에 '애조는 남녀가 같이 지내고 부자의 구별이 없다' 라고 기록되이 있고 삼국지 위지 왜인전에도 '왜인은 부사 남녀의 구별이 없이 혼거한다' 라고 기록되어 있다. 애조의 이와 같은 관습이 지금도 일본인의 생활

속에 남아 있음을 저자는 많이 보아왔다.

일본에는 온천이 많이 있는데, 대부분의 온천에서 남녀가 혼욕을 한다. 남녀가 같이 목욕을 하는 것이다. 저자는 학생시절에 일본 내 여러 지방의 온천을 다녀본 경험이 있다. 이때 목욕탕 안에서 젊은 처녀들이 옷자락 하나 걸치지 않고 남자들 앞에서 활보하고 다니는 광경을 자주 볼 수 있었다. 유학생인 저자는 매우 난처해했으나 그네들은 아무렇지도 않은 것 같았다.

또 이런 경우도 있다. 여름에 시골에 가면 흔히 볼 수 있는 광경인데 남자들은 훈도시라는 수건만을 앞에 걸치고 발가벗은 채로 생활하는 경우가 많다. 시아버지가 가족들과 식사를 하고 있을 때 훈도시 사이로 성기가 보이면, 며느리가 "아버지, XX가 보여요" 하고 시아버지는 "그래" 하고 안 보이게 가리는 정도이다.

남녀가 유별한 우리나라에서는 상상도 할 수 없는 일이지만 일본인들은 아무렇지도 않은 모양이었다. 저자는 중학교에서 대학원까지 15년간 일본에서 살았다. 특히 1940년에서 1945년 사이의 5년간은 교토 부근의 시골에서 중학교를 다녔기에 일본인의 생활을 유심히 관찰하고 그들의 문화를 직접 경험할 수 있었다.

저자가 살던 마을은 중소도시의 교외에 20호 가량이 모여 사는 전형적인 시골마을이었다. 이 마을의 인구는 1백 명 정도였던 것으로 기억하는데 정신질환자가 4~5명 정도 있었다. 이 마을뿐만 아니라 근처의 다른 마을에도 비슷한 비율로 정신질환자가 있었던 것으로 기억하고 있다. 우리나라에서라면 이 정도 크기의 마을에 정신질환자가 4~5명이나 되는 경우는 아마 거의 없을 것이다.

저자가 살던 시골마을에서 이들 정신질환자들은 일을 시키면 시키는 대로 잘 했고, 특별히 신경을 쓰지 않으면 정신질환자인 줄 모를 만큼 정상인처럼 보였다. 그러나 이들은 중요한 일은 하지 못했다. 학교 공부라든가 결혼생활과 같이 스스로 생각하고 자신이 직접 처리해야 하는 일은 하지 못했으므로 학교에 가지 못했고 결혼도 하지 못했다.

일본에는 왜 이처럼 정신질환자가 많은가. 그 원인은 무엇인가. 저자는 그것을 근친결혼의 결과라고 생각한다. 일본인들은 4촌까지 결혼을 할 수 있으며 이것이 법적으로 보장되어 있다.

일본인들은 옛 조상들이 남녀가 같이 지내고 부모 자식 간의 구별이 없었으므로 형제 친척끼리도 결혼을 하는 것이다. 근친결혼을 하면 결함 있는 유전자가 결합하여 아이는 중복된 결함을 안고 태어난다고 한다.

근친결혼이 좋지 않다는 것은 구약성서에서도 가르치고 있다. 여호와께서 모세에 이르시길 "이스라엘 모든 자손에게 고하라. 근친상간을 하지 말라. 근친상간을 하면 내가 벌할 것이다"라고 했다.

동물학자들의 연구에 의하면 원숭이도 근친상간을 하지 않는다고 한다. 모자상간은 물론이고 형제자매 상간도 하지 않는다는 것이다. 이와 같이 근친상간을 피하고 있는 것은 무리생활의 구조에 그 원인이 있다고 보는 학자들이 많다. 즉 근친상간의 금기는 집단 생활시 질서유지와 종족보존을 위해 필요하기 때문이라는 것이다.

성서는 근친상간을 하면 벌을 받을 것이라고 가르치고 있는데 일본인들은 무슨 벌을 받았을까. 1995년 일본을 떠들썩하게 했던 옴진리교의 신자들이 '사린가스'라는 독약으로 대량의 동족을 학살한 사건은 성서의 가르침을 떠올리게 한다. 옴진리교의 교주는 구체적인 목적이라든가 뚜렷한 대상도 없이 무조건 그토록 많은 수의 동족을 학살했던 것이다.

성서의 가르침을 충실히 지켜 근친결혼을 용납하지 않았던 유태인들이 오늘날 지구상에서 가장 우수한 두뇌를 가진 민족으로 유지되고 있는 것은 이 때문이 아닐까 생각한다.

「한국인의 교만」이라는 책을 쓴 한 일본인은 '일본에 우수한 인재가 많이 출생하는 것은 근친결혼을 하기 때문'이라고 주장하고 있다. 일본인이 노벨상을 많이 받은 것도 근친결혼의 결과라는 것이다.

그러나 저자의 견해는 다르다. 노벨상을 받은 일본인들은 근친결혼을 되풀이해온 애조의 후손이 아니라 근친결혼을 하지 않았던, 한반도에서 건너간 한국인의 후손일 것이다.

최근 아랍연맹 8개국의 보건부 관계자들은 '아랍 유전자 지도' 작성에 대한 공동 검토 작업에 들어갔다고 발표했다. 아랍 여러 나라에서도 4촌간의 결혼이 허용되어 있으므로 유전성 질병이 발생하고 있어서 근친결혼에 의한 유전성 질병을 퇴치하기 위해 이와 같은 운동을 시작했다고 한다.

이스라엘과 이라크에서 자폭테러를 강행하는 아랍인들은 태평양 전쟁시 비행기에 폭탄을 싣고 미군 군함에 자폭한 일본인들을 떠올리게 한다. 이와 같은 자폭테러의 예는 다른 나라에서는 쉽게 찾을 수 없다. 이들의 자폭테러는 근친결혼에 의해서 태어난 정신질환자의 소행으로 생각할 수 있을 것이다.

일본의 위정자들과 지식인들은 이제라도 일본민족의 보존과 세계평화를 위해서 자국민의 근친결혼 문제를 신중히 생각해야 할 것이다.

(3) 원수에게는 반드시 복수한다

앞에서도 언급한 바와 같이 일본서기에 '애조는 은혜를 입고도 잊어버리고 원수에게는 반드시 복수를 한다' 라고 기록되어 있다. 일국의 역사서, 그것도 정사에 그렇게 기록되어 있다면 애조의 원수에 대한 복수 관념은 다른 민족에 비해 상당히 강했다는 것을 알 수 있다. 애조의 복수에 대한 관념이 일본의 문화와 관습에 어떻게 나타나고 있는지 알아보기로 한다.

일본에는 예로부터 많은 복수극이 있었다. 영화 연극 가부기歌舞技에 인기 있는 작품이 많다. 일본 역사상 3대 복수극이 있는데 '주신구라忠臣藏', '소가형제曾我兄弟', '가기야鍵屋의 격투'가 그것이다. 주신구라는 억울하게 자결을 해야 했던 한 성주城主의 가신들이 복수를 하는 이야기로, 도쿠가와 막부 시대에 실제로 있었던 일이라고 한다. 나머지 둘은 개인적인 복수극이다. 이들 복수극은 우리나라의 춘향전처럼 시대와 나이를 초월하여 인기를 모으는 이야깃거리이며 수많은 연극작품과 영화를 낳았다.

주신구라 복수극의 내용은 이렇다.

1701년에 도쿠가와 막부의 신년축하연에 일본천황의 사절이 참석하게 되었다. 이때 아카호 성赤穗城의 성주 아사노淺野가 막부를 대표하여 사절을 접대하는 중책을 맡게 되었다. 그는 지방의 젊은 성주로서 이와 같은 일에 경험이 없었으므로 경험이 많은 기라吉良上野介라는 성주로부터 여러 가지 지도를 받게 되었다. 이런 경우는 미리 뇌물을 바치고 공손히 지도를 받는 것이 관례였는데 고지식한 아사노는 그러지 못했다. 기라는 아사노의 그런 태도를 못마땅히 여겨 공석상에서 무식한 촌놈 사무라이라고 핀잔을 주었다. 체면과 명예를 목숨처럼 생각하는 사무라이의 한 사람인 젊은 성주는 칼을 뽑아 기라에게 상처를 입히는 불상사를 저질렀다.

원래 도쿠가와 막부의 성 안에서는 칼을 뽑아서는 안 된다는 규칙이 있었으므로 아사노는 결국 할복자살을 강요당하고 성과 영토를 몰수당한다. 이와 같은 사건으로 아사노의 가문은 멸망하고 그 부하 사무라이들은 모두 주인 없는 낭인浪人으로 전락하게 된다.

낭인 중에 오이시大石內藏助와 46명의 부하 사무라이들은 2년 가까운 고생 끝에 원수의 저택에 쳐들어가서 원수 기라의 목을 친 다음 자신들의 성주가 묻혀 있는 생가구지泉岳寺라는 절에 돌아와 그의 묘 앞에 원수의 목을 바친다. 그러나 도쿠가와 막부는 국법에 의해 오이시와 그의 부하 사무라이들에게 할복자살의 처단을 내린다. 이들 47명은 성주의 묘 앞에서 할복자살을 한다.

주신구라의 특성은 아사노 성주는 물론 그의 부하 사무라이 47명이 모두 할복자살을 했고, 원수의 목을 베어 죽였다는 것이다.

이와 같은 줄거리의 일본 영화나 연극이 우리 국민들에게는 정서적으로 맞지 않지만 일본인들에게는 그렇지 않다. 우선 그들은 갖은 고생 끝에 복수를 하는 대목에서 쾌감을 느낀다. 그들은 원수의 목을 칠 때 분출하는 피를 상상하면서 대환호를 하고 박수를 친다. 주신구라는 옛 조상들이 피를 먹고 기필코 복수를 하는 두 가지 요소를 모두 포함하고 있으므로 일본인들이 가장 좋아하는 연극인 것이다.

(4) 도당을 모아서 변계를 침범한다

일본서기에 '애조는 도당을 모아서 변계를 침범한다' 라고 기록되어 있는데 이것은 편을 짜서 옆 마을 습격, 약탈하고 살인을 한다는 뜻이다.

670년 이전에는 왜국이라 불리던 일본을 각 지방의 호족들이 분할통치했다. 670년 경 가장 강한 호족이 전국의 지방 호족을 제압하고 왜국을 통일하게 되었다. 이때부터 이 호족이 나라이름을 일본이라고 고치고 일본을 통치하게 된 것이다.

일본서기에 의하면 애조는 각 지방의 호족에 반란을 하여 호족들과 대립했으며 통일된 후에도 중앙정부에 반기를 들었다. 이에 대해 중앙정부는 정이대장군征夷大將軍이라는 직책을 두고 애조 정벌을 전담케 했다. 애조의 정벌은 수십 년 동안 계속되었는데 800년경에 완전히 토벌되었다.

항복한 애조를 부수俘囚라 했는데, 중앙정부는 이들 부수가 다시는 반란을 일으키지 못하도록 하기 위해 각 지방에 수백 명씩 분산시킨 뒤 교육을 했다.

당시 중앙정부는 각 지방에 장원莊園이라는 농장을 소유하고 있었는데 중앙정부에서 파견한 귀족들이 관리하고 있었다. 장원에 파견된 귀족들은 권력싸움에서 패배한 귀족들이었으며 그래서 중앙정부에 반감을 갖고 있었다. 이들은 장원을 관리하는 동시에 나름대로 별도의 토지를 개간하고 그 지방에 정착하게 되었다.

각 지방의 장원에는 농산물과 축산물을 강탈하는 도적떼가 들끓고 있었다. 이에 파견된 귀족들은 도적떼로부터 장원을 보호하기 위해 병력을 양성했는데, 주로 지방에 분산 이주한 부수들을 무장시켰다. 이것이 일본 사무라이武士의 기원이라고 한다. 지방으로 파견된 귀족들과 부수, 그리고 지방 호족들은 서로 협력하여 점차로 세력을 강화하고 차츰 그 지방을 지배하게 되었다.

세력이 강해진 사무라이들은 그 지방의 호족들과 손을 잡고 각 지방에 거대한 성을 축조하고 그 지방을 통치하게 되었다. 사무라이들이 중앙정부의 지시를 받지 않고 독자적인 행동을 하게 된 것이다. 중앙정부는 이름만 있을 뿐 실권은 전혀 없는 셈이었다.

세력이 강해진 사무라이들은 옛날 애조의 본성을 드러내기 시작하여 이웃 마을을 침범하고 약탈과 살인을 일삼았다. 사무라이의 이 같은 분할 통치는 이후 수백 년간 계속 되었으나 1868년 메이지유신으로 종말을 고한다.

1860년대에 각 지방의 사무라이를 통치해온 도쿠가와 막부德川幕府는 서양 선진국의 강요에 못이겨 쇄국에서 개방으로 정책을 바꾸게 되었다. 이때 많은 일본인들이 서방 선진국을 왕래하면서 일본이 통일되지 않고 사무라이에 의해 분할 통치되고 있는 것을 창피하게 생각하여 사무라이들을 타도하고 서방 선진국처럼 통일된 국가를 건설할 것을 주장하기 시작했다. 이에 대해 많은 일본인들이 동조하여 결국 사무라이의 정권을 타도하고 통일국가를 건설하게 되었다. 이것이 메이지유신明治維新이다.

메이지유신으로 사무라이는 이웃 마을을 습격하고 살인, 약탈하던 것을 할 수 없게 되었다. 메이지유신으로 국가의 모든 제도는 서양 선진국처럼 고쳤으나 수백 년 동안 계속된 사무라이의 관습은 고쳐지지 않았다. 이때부터는 일본 전체가 하나의 성城이 되고 이웃 마을이나 이웃 지방 대신 이웃 나라를 침범해 약탈과 살인을 자행하기 시작했다.

1900년대 초부터 일본은 중국, 러시아, 대한제국 그리고 동남아 여러 나라를 침범하여 수많은 사람을 학살했다. 그것도 모자라 1941년에는 선전포고도 하지 않고 미국의 하와이를 폭격하여 많은 인명을 살상했다. 이 폭격으로 태평양 전쟁이 시작되었다.

미국은 일본의 침략을 좌시하지 않고 1945년 나가사키와 히로시마에 인류 역사상 최초로 원자탄을 투하하여 마침내 일본의 침략사에 종지부를 찍게 된 것이다. 지금 일본은 단지 움츠리고 있을 뿐이다. 요즘 일본의 움직임을 보면 과연 이 제동이 언제까지 계속될지 의문이다. 최근 이란과 북한 사태를 미끼로 일본의 재무장에 대한 논의가 높아지고 있다. 원수에게 반드시 복수를 하는 애조의 후예인 일본인. 그들은 기회만 닿으면 기필코 복수를 한다는 것을 우리는 잊어서는 안 될 것이다.

(5) 귀신을 만들어서 숭배하고 도와달라고 빈다

일본서기에 '산에는 이상야릇한 귀신이 있고 동네 어귀에도 나쁜 귀신이 있어서 길 가는 사람을 막고 많은 사람을 괴롭힌다' 라는 기록이 있다.

일본인들은 2천년 전부터 이 사악한 귀신에 시달려왔으며, 이에 대응하기 위해 자신들이 귀신을 만들어서 도와달라고 빈다.

오늘날 일본 방방곡곡에는 수많은 신사가 있다. 이름도 모르는 귀신을 모셔놓고 절을 하고 도와달라고 비는 것이다. 새해가 되면 일본인들은 대부분 이들 신사에 참배하며 새해에도 사악한 귀신을 추방하고 도와달라고 빈다. 또 길가의 돌과 나무에도 옷을 입혀놓고 길가는 사람마다 절을 하고 도와달라고 빈다.

일본인들은 이와 같은 귀신숭배로 만족하지 않고 옴진리교와 같은 사이비 종교를 만들어서 집중적으로 강도 높게 귀신을 숭배하고 있다.

일본 정부는 건국신화에 나오는 수많은 귀신을 숭배하기 위해 전국 곳곳에 신사를 만들어놓고 막대한 국가 예산을 지출하면서 귀신 숭배 사업을 관장하고 있다.

일본인들은 오랫동안 동족을 살해하고 이웃 마을과 이웃 지방을 침범하여 토지를 약탈해오다가 그럴 수 없게 된 메이지유신 이후에는 다른 나라를 침범하고 수많은 이민족을 잔인한 방법으로 학살했던 것이다.

그 결과로 그들은 벌을 받았다. 히로시마와 나가사키에 원자탄의 세례를 받아서 수십만 명이 비참하게 죽었고 지금도 고통에 신음하고 있는 것이다. 그뿐인가 1995년 발생한 옴진리교의 대학살 사건으로 죄 없는 집단이 사린 가스라는 맹독성 가스로 죽음의 길을 가게 되었다. 죽여야 할 이유도 없고 또 구체적인 대상이 있는 것도 아닌데 무조건 동족을 살해한 사건을 보건대 옴진리교의 교주는 분명 애조의 후손이 아니고 무엇이랴.

(6) 무엇이든 감추고 조작한다

일본서기에는 일본의 원주민 애조에 대해 '애조는 화살을 머리 속에 감추고 칼을 옷 속에 찬다'라고 기록하고 있다. 화살과 칼은 원래 어깨와 허리에 차는 것인데 애조는 이것을 감추기 위해 화살은 머리 속에, 칼은 옷 속에 숨긴다는 것이다.

애조의 이와 같은 본성은 그 후손에 전해져 오늘날 일본인의 문화와 관습에도 영향을 주고 있다. 일본인들은 좋지 않은 것은 무엇이든 감추고 좋은 쪽으로 조작하는 습관이 있다. 이는 애조에서 유전된 것이다.

일본인들은 수백 년 전부터 자기들 민족이 세계 어느 나라 민족보다 우수하다고 주장해 왔다. 몇 가지 예를 들어보자. 일본의 천황가는 기원전부터 장장 2천6백년간 같은 핏줄로 이어져 온다고 자랑하고 있다. 이것이 조작되었다는 것은 중국과 한반도 역사서를 보면 쉽게 알 수 있다.

또 일본민족의 조상은 구마소와 애조이고, 그 본성이 매우 포악하고 살육을 즐기는 식인종이었음이 밝혀지고 있는데도 이를 숨기기 위해 구마소와 애조는 일본민족이 아니고 이민족이라고 주장하고 있다.

그들은 국력을 과시하기 위해 한반도의 일부를 식민통치한 바 있고 그 이전에는 강대국 신라와 고구려, 백제가 일본에 조공을 바쳐왔다고 역사서에 터무니없는 거짓을 기록하기도 했다.

일본인들은 1900년대에 이웃 나라인 중국, 러시아 그리고 대한제국을 침략했으나 최근에 와서는 그것은 침략이 아니라 식민통치를 하려는 백인들로부터 그들 나라를 보호하기 위한 노력이었다는 식의 망언을 하고 있다. 이들은 태평양전쟁도 미국이 일본을 공격할 가능성이 있어서 일본이 먼저 공격한 것이라고 주장하고 있다. 또 1945년 도쿄 전범 재판도 엉터리였다고 주장하고 있다. 도대체 일본인들은 왜 이럴까.

이와 같은 일본인의 본성을 적나라하게 보여주는 예가 있다. 일본의 구석기문화 연구소는 1980년대부터 일본 각 지방의 유적을 발굴, 일본에는 구석기시대(13만 년전)부터 일본원인日本原人이 거주하고 있었다고 주장해 왔다. 일본은 이 같은 사실을 역사 교과서에도 수록하여 중국의 북경원인과 자바원인과 같은 원시인이 일본에도 있었다고 주장해 온 것이다.

그러나 최근에 이르러 이것이 사실이 아니라는 것이 밝혀졌다. 2000년 11월 모 신문사의 기자가 이 연구소의 한 직원이 새벽에 유적지에 구덩이를 파고 석기유물을 묻는 장면을 몰래 카메라로 촬영한 것이다. 기자가 추궁하자 발굴자는 석기유물을 구덩이에 몰래 묻어 두었다가 뒷날 정식으로 발굴할 때 처음으로 발굴한 것처럼 연출하려 했다는 것을 시인했다. 이 사건으로 그동안 구석기문화 연구소는 전국 각지의 발굴유물과 지층地層 등을 모두 조작했다는 것이 백일하에 드러났다.

일본의 석기시대가 학술적으로 인정을 받을 수 있었던 것은 전기 석기시대(13만 년 이상)와 후석기시대(3만 년 이상)의 유물이 발굴되었기 때문이었다. 그러나 구석기 시대의 유물은 100% 구석기문화 연구소의 손을 거쳐 발굴된 것이었다.

조작된 석기시대의 역사를 교과서에 싣고 자국 민족의 우수성을 자랑하려는 일본인. 이들은 떳떳하지 못한 것은 감추고 무엇이든 좋은 쪽으로만 조작하려 드는 선조의 본성을 타고 났으며, 그 못된 습관을 고치려 들지 않으니 불행한 일이다.

4. 악마의 포식

(1) 사무라이의 피의 포식

800년경에 일본의 정복자에 항복한 애조의 포로들이 조직한 사무라이들은 점차로 그 세력을 강화하여 각 지방에 거대한 성을 축조하고 정복자에게 반항하기 시작했다.

일본서기에 애조는 이웃 마을을 침범하여 살인과 약탈을 했고 사람의 피를 먹었다고 기록되고 있는데 사무라이들도 이웃 지방을 침범하고 살인과 약탈을 했다. 또 사무라이들은 자살할 때 칼로 자기 배를 찔렀고 사람을 죽일 때는 칼로 목을 잘라 죽였다.

일본의 사무라이는 수백 년 동안 이웃 지방을 침범하고 살인과 약탈을 해오다가 1592년에는 이웃 지방 대신 한반도에 쳐들어와서 살인과 약탈을 했다. 이것이 임진왜란인데 사무라이의 두목 도요토미 히데요시豊臣秀吉가 대군을 이끌고 평화로운 한반도에 침범했다.

이 전쟁에서 무궁무진 활약한 이순신 장군의 거북선은 우리나라의 역사서에 기록되어 영원히 남을 것이다. 임진왜란은 도요토미의 죽음과 명나라의 개입으로 종말을 고했으나 이때 사무라이들이 피를 포식한 이상야릇한 일이 있었다.

일본의 교토에는 도요토미의 영을 모셨다는 도요토미 신사가 있는데 이 신사 옆에 귀무덤(耳塚)이라는 괴이한 무덤이 있다. 이 귀무덤은 임진왜란 때 사무라이들이 한반도에 쳐들어와서 양민을 학실하고 죽인 사람의 귀와 코를 잘라서 일본으로 가지고 가서 묻은 것이라고 한다. 이 귀무덤에는 12

만 6천여 명의 귀와 코가 묻혀 있다고 한다.

　오랫동안 동족끼리 살상을 해오다가 이웃 나라에 쳐들어와 이민족을 살상하게 되자 사무라이들은 환희의 감정에 빠졌던가 보다. 그들은 이 감격적인 환희를 두고두고 맛보기 위해 조선인의 귀와 코를 잘라서 자국으로 가지고 간 것이다.

　일본인들은 이 사실에 대해 구차한 변명을 하고 있다. 귀와 코를 잘라서 가지고 간 것은 전쟁터에서 얼마나 많은 사람을 죽였는지 그 활약을 증명하기 위한 것이었다고 변명한다. 원래 사무라이들은 전쟁터에서 죽인 사람의 목을 잘라서 가지고 가는 관습이 있었다. 아무리 그래도 이와 같은 일은 애조의 후손이 아니고는 할 수 없는 일이다.

　자료에 의하면 당시 사무라이를 이끌고 쳐들어온 도요토미의 얼굴 생김새는 원숭이와 흡사했다고 한다. 중국의 역사서에 기록되어 있는 애조의 얼굴이 원숭이처럼 생겼다고 하니 그는 아마 애조의 순종이었을 것이다. 죄 없는 양민을 무참히 살해하는 것도 모자라 죽은 이의 귀와 코를 잘라서 모았으니 이런 엽기적이고 잔악한 행위는 가히 악마적이라고 하겠다.

(2) 피를 보고 좋아하는 사람들

　임진왜란은 지금으로부터 약 400년 전의 일이지만 최근까지도 일본인들이 피를 보고 좋아하는 예는 얼마든지 찾을 수 있다.

1995년은 일본이 태평양전쟁에 패망한 지 50주년이 되는 해인데 일본에서는 이해에 여러 가지 다양한 기념행사를 했다. 이해 5월에 일본 도쿄에서는 만주에서 생체해부를 했다는 옛 군의관들이 생체해부와 관련해 기자회견을 한 일이 있다.

이날 회견에서 당시 군의관이었던 유아사湯淺健는 자신과 동료 군의관들은 세균의 효과를 연구한다는 미명하에 중국인들을 대상으로 살아 있는 사람에게 세균을 접종하고 팔다리를 절단했으며 장기를 제거하는 등 각종 야만적인 실험을 했다고 폭로했다.

그들은 '일본의 정치인 가운데에는 순진하게도 우리가 성전을 했다고 믿는 사람들이 있는가 하면 정치적 고려에서 이 문제에 대해 대부분 침묵을 지키고 있다'라고 비판했다. 또 그는 '역사적 사실을 외면하려는 일부 국회의원들의 태도에 분노를 느낀다'고 고백함과 동시에 이제라도 자국의 정부와 국회의원들은 그 희생자들에게 사과해야 한다고 주장했다.

기자회견의 마지막에 유아사는 '우리는 당시 웃음과 농담을 주고받으면서 실험을 했다'라고 했다. 이 마지막 한 마디에 놀라지 않은 사람은 하나도 없었을 것이다. 살아 있는 사람의 팔과 다리를 절단하고 내장을 제거하면서 어떻게 농담을 할 수 있고 웃음이 나왔단 말인가.

이때 이들은 마취제를 사용하지 않았을 것이다. 왜냐하면 전쟁 중에는 마취제가 없었을 것이고, 또 그들은 남의 고통을 헤아리는 자비로운 인간이 결코 아니기 때문이다. 미취도 하지 않은 채 사람의 팔과 다리를 절단하고 배를 갈라 내장을 제거할 때 그 사람의 마지막 절규와도 같은 외침을 들어

가면서 어떻게 웃음이 나오며 어떻게 농담을 할 수 있단 말인가.

옛 사무라이들이 자살할 때 자신의 배를 칼로 찌르고 자신의 몸에서 분출하는 피를 보면서 흔쾌히 죽어가고, 그들이 사람을 죽일 때 칼로 목을 내리치고 거기서 솟구치는 피를 보면서 쾌감을 느꼈듯이, 아마 생체실험실의 군의관들도 팔다리를 절단하고 내장을 제거할 때 피를 보면서 쾌감을 느끼지 않았을까. 그래서 웃음이 나왔던 것일까. 이렇게 생각하지 않고는 도저히 그 일을 이해할 수 없다.

일본은 태평양전쟁 말기에 전세가 불리해짐에 따라 15~16세의 소년을 모아 특공대를 조직했는데 이 특공대는 비행기에 폭탄을 싣고 미군 군함에 자폭하는 조직이었다. 이때 꽃다운 청소년들이 자원입대해 얼마나 많이 죽어갔는지 참으로 애석한 일이다.

일본 청소년들은 소년특공대에 입대하면 돌아올 수 없는 사람이 된다는 것을 알고 있었다. 그러면서도 기꺼이 자원입대했다. 그들은 비행기와 함께 미군 군함에 자폭하는 순간 자기 몸에서 분출하는 피를 상상하면서 죽음의 바다를 향해 출발했을 것이다. 그 수많은 청소년들의 죽음도 또한 옛 사무라이들의 피의 자살과 다를 게 없다.

이것뿐만이 아니다. 태평양전쟁 말기에 유황도 사이판도 오키나와 등에서 일본군은 한 사람도 남지 않고 모조리 전멸했다. 당시 사망자들 중에는 미군의 총탄에 맞아 죽은 병사보다 자살한 병사의 수가 훨씬 많았다고 한다.

아무래도 일본인 그들의 몸에는 피의 향연을 즐기던 본성이 남아 있는 모양이다.

(3) 관동대지진 때의 조선인 대학살

1923년 9월 1일 정오에 일본의 수도 도쿄 일대에 리히터 지진계 진도 7.9의 대지진이 발생했을 때 조선인이 무려 6천여 명이 죽었다. 조선인이 이렇게 많이 죽은 것은 지진에 의한 건물 파괴와 화재 때문이 아니었다. 당시 일본인들은 군관민 합동으로 조선인이 약탈 살인 폭동을 일으키고 있다는 터무니없는 유언비어를 유포시켜 조선인을 학살했던 것이다.

관동대지진에 관한 일본 정부의 보고서, 당시의 신문과 잡지, 그리고 생존자의 증언 등을 토대로 강덕상姜德相씨가 쓴 「조선인의 죽음」이라는 책을 통해 그 과정을 간단히 살펴보면 다음과 같다.

지진은 9월 1일 정오에 발생했다. 일본의 정치 경제의 심장부는 순식간에 아비규환의 혼란에 빠졌다. 일본 정부는 즉시 계엄령을 발동했는데 이유는 혼란을 틈타 민중을 선동하고 폭동을 일으키려는 자들을 막기 위한 것이라고 변명했다. 계엄령이란 전시 · 내란 또는 대규모의 폭동으로, 경찰력으로는 도저히 수습할 수 없는 경우에 발동하는 것이지 지진이 일어나서 시민들이 대피하고 소방작업을 하고 부상자를 구조하는 데 여념이 없는 상황에서는 전혀 적절치 않은 것이었다.

지진에 의한 건물의 파괴와 화재 등은 경찰력으로도 충분히 수습할 수 있었을 텐데 지진 발생 후 10시간도 채 지나지 않아서 도쿄 시내에 6만여 병력을 투입했던 것이다. 도쿄 시내에 군병력과 경찰력 그리고 소방대가 물샐

틈 없이 경비를 하고 있던 9월 1일 밤 동시다발적으로 유언비어가 나돌기 시작했다. 대략 다음과 같은 내용이었다.

· 조선인이 강도와 절도를 하고 있다.

· 조선인이 살인을 하고 있다.

· 조선인이 방화를 하고 있다.

· 조선인이 집단으로 습격을 하고 물건을 강탈하고 있다.

· 조선인이 우물에 독약을 투입하고 있다.

계엄군과 경찰 그리고 소방대가 곳곳에서 지키고 있는 가운데 조선인이 어떻게 집단행동을 할 수 있으며 강도와 살인을 할 수 있단 말인가. 유언비어는 날개라도 단 듯이 퍼져나가 지진이 발생한 지 10시간도 되지 않은 그때쯤에 이미 도쿄 전역에 퍼져 있었다.

지진 직후 교통이나 통신은 완전히 두절되었는데 유언비어는 이 광대한 지역에 어떻게 이처럼 단시간 내에 퍼져나갈 수 있었던 것일까. 군과 경찰 또는 정부 조직이 동원되지 않은 한 이 일이 불가능하다는 것은 누구라도 알 수 있을 것이다.

도쿄 전역에 이와 같은 유언비어가 유포되자 9월 2일부터 군, 경찰, 소방대, 자경단, 그리고 일반 시민들까지 조선인을 학살하기 시작했다. 학살 방법은 매우 다양했다. 당시 목격한 사람들의 증언을 빌면 아래와 같다.

– 고의로 놀이 삼아 즐기면서 죽이는 경우도 있고, 대량으로 학살할 때는 만세를 부르고 흥분했다.

- 죽창, 일본도, 갈고리 등 살상 가능한 모든 무기로 조선인의 머리를 내리찍고 귀를 찢었으며 눈을 후벼내는 식으로 학살했다.
- 가시덤불 위에 4~5명씩 손발을 꽁꽁 묶어 큰대자로 눕힌 뒤 그 밑에 불을 질러서 화형을 했다. 불에 타고 있는 조선인의 울부짖음과 마지막 절규를 들으면서 일본인들은 박수와 환호를 지르며 좋아했다.
- 조선인을 철사로 전주에 묶어둔 채로 '조선인입니다. 발로 차거나 두들겨주십시오'라고 쓴 푯말을 붙여놓고 그 옆에 곤봉을 두어 지나가는 사람들이 때려서 죽이도록 했다.

일본인들은 이처럼 잔인한 방법으로 수천 명의 조선인을 학살했다. 집단 살해라고 할 수 있다.

히라야마平山透雄라는 한 일본인의 목격담에 의하면 한 지점에서 건강한 조선인이 아직 숨이 끊어지지 않은 채 피투성이가 되어 쓰러져 있었다. 눈알이 튀어 나왔고 입으로는 피를 토하고 있어 거의 죽기 직전이었다. 그러나 일본인들은 그에게 돌을 던지고 몽둥이세례를 퍼부었다. 아무도 말리지 않았으며 누구 한 사람 아직 숨이 남아 있는 그를 구하려 드는 이가 없었다고 한다.

이 광경을 목격한 한 미국인은 "일본인은 야만인 중에서도 가장 잔인한 야만인"이라고 평했다고 한다. 일본인 가운데에는 이 같은 잔인무도한 광경을 보고 "나 자신이 일본인이라는 것을 그때만큼 수치스럽게 생각한 적이 없었다"라고 고백한 사람도 있다고 한다. 아마 이렇게 고백한 사람들은 틀

림없이 한반도에서 건너간 조선인의 후손일 것이다.

한국인들의 본성은 일본인들과 다르다. 한국인들은 이처럼 잔인한 광경을 본 적도 없거니와 보는 것 자체를 좋아하지도 않는다.

(4) 세균접종과 생체해부

1894년 일본은 청나라에 대해 일방적으로 선전포고를 하여 전쟁을 일으켰다. 이것이 청일전쟁이다. 일본은 이 전쟁에서 이겨 대만과 요동반도를 점령했다. 또 1904년에는 러시아에 일방적으로 선전포고를 하여 러일전쟁을 일으켰다. 일본은 이 전쟁에서도 이겨 남만주 철도의 경영권을 확보하고 사할린의 반을 점령했다.

이로써 일본은 대륙침략의 발판을 마련한 것이다. 1931년 7월, 그들은 만주에서 일본군 대위가 실종된 사건을 조작했고 그것을 핑계로 다수의 일본군을 만주에 배치했다. 같은 해 9월에는 일본군이 유조구柳條溝의 철도를 폭파해놓고 이것을 중국 군인이 한 것처럼 조작했다.

이 사건의 보복으로 심양 부근의 중국군을 공격했으나 이에 대해 장개석蔣介石 정권이 무저항 명령을 내림으로써 일본군은 하루만에 심양을 점령했고 그후 5개월만에 만주 전체를 점령했던 것이다. 이 사건이 9·18 사건이다. (일본에서는 만주사변이라고 함)

이 사건 이후 만주주민 2천만 명이 일본군의 잔인한 지배하에 들어갔고 수많은 중국인들이 무참히 학살당했다. 1933년 일본군은 하얼빈에 세균연구소를 만들고 그 부근에 세균공장을 만들었다. 이 연구소와 공장은 일본군 731부대에 속해 있었으며 주로 세균전쟁을 위한 다양한 연구와 세균무기를 제조 생산하는 일을 했다.

「731부대의 범죄」라는 책을 쓴 중국인 한샤오韓曉씨는 당시 세균연구소에 종사했던 생존자의 증언 등을 토대로 세균접종과 생체해부 등 일본인의 잔인한 학살사건을 고발한 바 있다.

또 일본의 유력 일간지 아사히 신문의 혼다本多勝一 기자도 이에 관한 내용을 현지에서 취재하여 「중국의 여행」이라는 책으로 출간했다. 이들 보고서의 일부를 소개하고자 한다.

① 세균접종와 생체해부

만주에 주둔한 일본군 731부대는 만주에서 세균무기를 연구하고 인간에 실험을 한 특수부대였다. 페스트균·콜레라균 등의 세균을 매월 수백kg 생산하여 인체에 접종하는 생체실험을 했다. 1940년부터 1945년 종전까지 약 3천 명의 중국인·러시아인 그리고 조선인 등이 실험에 희생되었다.

그들의 실험대상은 주로 반일운동자였으나 대상이 부족할 때는 거리의 노동자를 아무런 이유도 없이 그저 조사할 것이 있다고 하면서 잡아와서 실험의 재료로 사용했다. 그들은 살아 있는 사람에게 세균을 접종하고 그 결과를 연구한다는 목적으로 생체를 해부했다.

이 실험을 위해 그들은 실험 대상의 몸속에 세균을 직접 주입하는 방법과

내복하는 방법을 사용했다. 아울러 세균 내복에 따른 효과도 연구했는데 각 연구에 수십 명씩 이용되었다고 한다.

② 동상 실험

9·18사건 이후 대량의 일본군이 만주에 파견되었는데 영하 30~40도의 기온인 이곳에서 일본군은 동상으로 인한 사고가 잦았다. 일본군이 혹한의 기후에 어떻게 적응할 수 있을 것인가. 동상의 예방과 치료는 그들이 최우선적으로 해결해야 할 문제였다.

일본군은 동상 실험에 살아 있는 사람을 이용했다. 건강한 중국인 청년의 팔과 다리를 영하 30~40도의 기온인 옥외에 20~60분간 노출시켜 동상의 정도를 조사했다. 어떤 동상자는 피부가 벗겨지고 결국은 팔다리를 절단해야 했다. 또 어떤 동상자는 살이 썩어 비참하게 죽어 갔으나 일본인들은 아무런 치료도 하지 않았다.

③ 세균 감염의 실험

일본인들은 세균에 감염된 벼룩과 쥐를 일반 시민들의 주거지에 뿌려서 전염병을 발생시키고 전염병에 걸린 사람을 잡아와서 배를 가르고 내장을 꺼내 연구소에 가져가서 그 효과를 연구했다고 한다.

당시 731부대는 세균을 배양하고 생체실험을 통해 그 효과를 연구했고, 만주의과대학에서 연구한 병균체를 번식시키고 들쥐를 이용하여 왁친을 제조했다. 왁친의 효과를 알기 위해 길림성 임하지방에서 잡아온 건강한 중국인을 실험재료로 세균에 감염시켜서 인체실험을 했다.

731부대의 대장 기다노北野는 자기 논문의 머리말에 다음과 같이 기록하고 있다.

'우리는 임하에서 잡아온 중국인을 이용하여 실험을 했다. 우리가 이용한 인체는 32~74세의 건강한 사람들이었다.'

중국인들의 분노는 너무도 당연한 것이다. 일본인들이 자기 가족 중의 한 사람을 어느 날 갑자기 강제 연행하여 실험실의 몰모트로 썼으니 왜 안 그렇겠는가. 건강하게 잘 살고 있던 사람을 끌고 가서 세균을 접종하고 동상에 걸리게 하고, 필요에 의해 팔다리를 절단하기도 하고 살을 썩게 내버려 두기도 하고, 또 웃고 농담을 하며 생체해부를 했던 그들은 바로 애조의 후예 일본인이다.

(5) 만인굴의 대학살

만주의 심양과 대련의 중간지점에 대석교大石橋라는 마을이 있다. 이 마을에는 안산鞍山 광산이 있었다. 일본인이 만주를 점령하고 있을 때 일본의 민간기업이 이 광산에서 마그네사이트를 캐내어 마그네사이트 벽돌 등 내화물耐火物을 제조하고 있었다. 이 기업이 광산을 운영하면서 이 부근에 몇 개이 만인굴滿人堀이 생겼다고 한다.

만인굴은 무엇인가. 일본의 유력 일간지인 아사히 신문의 혼다本多勝一 기자가 당시 직접 목격한 생존자들을 취재하고 또 직접 만인굴을 발굴한 내용을 발표한 바 있다.

광산의 운영자였던 그 일본인 기업주는 중국인을 강제 징용하여 광부로 이용했다. 그들은 광부들을 아침부터 저녁 늦게까지 혹사시키면서도 임금은 물론 식량도 제대로 주지 않았다. 그러다가 일을 제대로 못하거나 부상을 입어서 일을 못하게 된 사람은 살아 있는 채로 구덩이에 묻어 버렸던 것이다. 그렇게 함으로써 그들은 식량을 절약하고 새로 징용한 건강한 광부를 이용하여 능률을 올릴 수 있었던 것이다.

만인굴의 용도는 바로 이처럼 일 못하는 광부와 부상당한 광부를 생매장하기 위한 것이었다. 하나의 구덩이에 만 명을 묻었다고 해서 만인굴이라는 이름이 붙었다고도 한다.

혼다 기자가 현지에서 직접 만인굴을 발굴해 보았는데 시체가 겹겹이 쌓여 있고 많은 시체의 팔다리에 철사가 감겨 있었다고 한다. 그들은 광부들이 도망가지 못하도록 철사로 팔과 다리를 묶어서 묻은 것이다.

이 광산은 일본군이 경영한 것이 아니라 민간기업이 경영한 것이다. 만주에서 잔인한 방법으로 중국인을 학살한 것은 일본군만이 아니었다. 민간기업도 그 못지 않았다. 이 광산에는 3~4개의 만인굴이 있었다고 하니 과연 그들이 얼마나 많은 중국인들을 학살했는지 미루어 짐작할 수 있을 것이다. 멀쩡히 목숨이 붙어 있는 사람을 생매장하여 죽이고도 그들은 하늘이 두렵지 않았을까. 광부의 손발을 철사로 묶은 뒤 차례로 구덩이에 던지는 그들의 모습은 바로 악마의 화신이었다고 할 것이다.

(6) 난징대학살

1937년 12월 12일에서 20일까지 중국의 난징성南京城을 점령했던 8일간, 일본군은 30만 명의 중국인을 무참하게 학살했다는 기록이 있다. 현장에 있었던 일본군 간부들의 일기장과 회고록, 희생자의 가족과 학살에서 겨우 살아남은 사람들의 증언은 그 만행의 끔찍함을 더해주고 있다.

증언과 기록에 의하면 일본군이 중국인 양민을 학살한 방법은 한두 가지가 아니었다고 한다. 혼다 기자의 「중국의 여행」에 기록되어 있는 몇 가지를 소개하면 다음과 같다.

- 중국 양민들을 대량학살할 때는 먼저 집합시켜 놓고 기관총으로 사살하고 사살을 확인하기 위해 칼로 찌르고 그 다음에는 석유를 뿌려서 불태웠다.
- 체포한 청년들의 양손을 철사로 묶고 고압선에 매단 뒤 밑에서 불을 질러 학살했다.
- 강제 연행에 응하지 않은 노동자들은 그 장소에서 배를 갈라서 위장과 심장을 꺼냈다.
- 일본군에 잡힌 부녀자들은 강간을 당했는데 13세의 어린 소녀에서 70세의 노파에 이르기까지 대상이 정해져 있지 않았다. 그들은 강간을 한 뒤 모두 죽였는데 여지의 배를 기르고 내장을 꺼내 늘어놓기도 하고 여자의 국부에 꼬챙이를 꽂아놓고 박장대소하기도 했다.

– 어떤 장교는 병사들에게 살인게임을 시켰는데 난징시의 변두리 한 지점에서 1㎞의 구간을 정해놓고 이 구간 내에서 칼로 중국인 1백 명을 베어오는 부하에게는 상금을 주고 그것을 못한 부하에게는 기합을 주었다고 한다.

일본 군인들이 난징에서 중국인을 학살할 때 양손을 철사로 묶고 고압선에 매단 뒤에 밑에서 불을 질러서 죽이는 방법 등은 관동 대지진 때 한국인을 학살한 수법들과 똑같았다. 당시에 약 5만 명의 군인이 난징성을 점령했는데 이들 모두 중국인 여인을 강간하고 무참히 살해했다.

그뿐만이 아니다. 전쟁터에서 군인들이 잔인한 방법으로 중국인을 학살한 광경을 사진으로 찍어서 일본 국내 신문에 대대적으로 보도하고, 군인들이 난징에서 양민 1백 명을 칼로 벤 뒤 만세를 부르는 사진을 게재함으로써 군인뿐만 아니라 후방의 국민들까지도 열광하게 만들었다.

(7) 삼광작전

중일전쟁 말기에 일본군은 태평양전쟁의 전세가 불리해지자 중국 북부에서 삼광작전三光作戰을 전개했다. 삼광작전이라는 것은 중국어로 살광殺光, 즉 죽여 없애고 소광燒光, 즉 불태워 없애고 약광略光, 즉 약탈한다는 뜻이다.

1941~1943년은 마침 일본군에 항전하는 중국 공산당의 세력이 강해지는 시기였으며 중국 국민들도 공산당에 협조하여 야만적인 일본군에 저항하는 시기였다.

삼광작전이 실시된 지역은 베이징의 동북쪽에 있는 반가골潘家峪이었는데 이곳은 약 250호의 농민들이 평화롭게 살고 있는 전형적인 시골농촌이었다. 이 부락의 인구는 1,300명 정도 되었고 중국 공산당에 적극 협조하고 있었다. 일본군이 이 부락에서 무슨 짓을 했는지 혼다 기자의 보고를 들어보자.

일본군은 이 부락에 쳐들어와서 아름다운 산과 하천을 유린하여 포대를 축조하고 식량을 약탈했다. 이 부락의 농민들을 징발하여 강제노동을 시키는가 하면 부녀자를 강간하고 집을 불태우고 장난하듯이 살인을 했다. 아울러 부락민들에게 공산당 게릴라가 숨어 있는 곳을 자백하라는 강요와 함께 여러 가지 가혹한 고문을 했으나 한 사람도 입을 여는 사람이 없었다고 한다.

부락민들이 협조하지 않자 어느 날 밤 3천여 명의 일본군들은 2천여 명의 괴뢰군들까지 불러모아 부락을 몇 겹으로 포위하여 한 사람도 도망가지 못하게 하고 부락민들을 모두 마을 가운데에 위치한 지주의 집으로 집합시켰다. 그들은 혼자 힘으로 걷지 못하는 노약자와 병자는 그 자리에서 총살 또는 칼로 찔러 죽였다.

지주의 집 둘레에는 2m가 넘는 담장이 있었다. 일본군은 부락민을 모두 이 집으로 몰아넣은 뒤 밖에서 자물쇠를 채운 다음 온 집안에 석유를 뿌리

고 불을 질렀다. 부락민들은 아비규환의 불지옥 속에서 생의 마지막 절규를
목이 터져라 부르면서 타죽어 갔다. 그러나 일본군은 그것도 모자라 그들을
향해 기관총을 들이대고 일제사격을 했다.

　이중에서 구사일생으로 살아남은 사람이 5,6명 있었는데 이 학살의 진상
은 이들에 의해 밝혀진 것이라고 한다. 이들 생존자들의 증언에 의하면 당
시의 일본 군인들은 악마보다 더 잔인한 방법으로 중국 농민들을 학살했다
고 한다. 몇 가지 학살 방법을 소개하면 다음과 같다.

- 집안으로 들어간 일본군은 무조건 기관총으로 난사한 후 생존자가 있
　으면 칼로 찔러 죽였다.
- 중상자의 목을 베어 들고 다녔다.
- 어떤 군인은 시체를 두 동강을 낸 뒤 내장을 꺼내어 마당에 뿌렸다.
- 어떤 군인은 살아 있는 5,6세 가량의 아이를 거꾸로 들고 바위에 머리
　를 쳐서 죽였다.
- 또 어떤 군인은 5,6세 되는 어린이의 양쪽 다리를 벌려 찢어서 죽였다.
- 임산부의 배를 칼로 갈라서 태아를 꺼내 땅바닥에 내동댕이쳐서 죽였
　다. 당시 이 부락에는 20~30명의 임산부가 있었는데 모두 이렇게 잔
　인한 방법으로 학살당했다.

당시 일본군은 아무리 전쟁 중이라지만 죄 없는 민간인을 이처럼 무참히
살해한 것이다. 그들은 노약자와 어린아이와 심지어 뱃속에 있는 태아까지

죽였다. 살해 방법도 극악하고 잔인하기 이를 데 없어 사람의 탈을 쓰고는 도저히 할 수 없는 짓들이었다. 이렇게 부끄러운 짓을 하고도 그들은 반성은커녕 역사를 왜곡하고 날조하려들고 있으니 이것이야말로 용서할 수 없는 일이다.

(8) 징용조선인 귀환선의 격침

태평양전쟁시 일본은 수많은 조선인을 강제로 징용하여 일본 내외의 군수공장과 광산 그리고 각종 군사시설의 건설 현장에 동원하여 혹사했다. 뿐만 아니라 조선의 수많은 젊은이들을 징병하여 전쟁터로 내몰았고, 그들을 영원히 집으로, 조국으로 돌아올 수 없게 만들었다.

일본의 지칠 줄 모르는 침략전쟁은 1945년 8월 15일로 종지부를 찍게 되었는데 일본은 패전 후에도 역시 그 악마적인 본성을 버리지 못하고 강제 징용한 조선인 노동자 수천 명을 귀환시키지 않고 학살했다.

일본이 태평양전쟁에 패망한 지 3일 후인 8월 18일, 일본 해군본부는 아오모리현青森縣의 오미나도항大湊港에 있는 예하부대에 해군기지 건설공사에 강제 징용한 조선인 노동자를 부산항으로 송환하라는 명령을 내렸다. 해군 본부의 명령을 받은 예하부대는 8월 22일에 4730의 해군함정 우키지마 마루浮島丸에 조선인 노동지 수천 명을 싣고 오미나도항을 출발하여 부산항을 향해 떠났다.

그런데 배는 이상하게도 8월 24일 16시에 일본 교토 부근의 마이즈루舞鶴 항으로 회항했다. 이 항구에 도착한 직후 여러 명의 선원들이 구명보트를 내려 타고서 이 배를 떠났다. 그리고 나서 15분 뒤에 배는 폭파되었다. 선체는 두 동강이 났고 결국 침몰했다.

사고 직후 일본정부는 미군이 부설해놓은 기뢰에 부딪혀서 우키지마마루가 침몰했다고 발표했다. 그들은 이 배에 약 4천 명의 조선인 징용자와 255명의 일본인 선원이 승선했는데 그중에서 한국인 524명과 일본인 25명이 사망했다고 공식 발표했다.

그러나 구사일생으로 살아남은 생존자들의 증언에 의하면 일본정부가 발표한 침몰 원인과 승선 인원, 사망 인원 모두 조작되었다는 것이다. 생존자들의 증언에 의하면 이 군함에는 7천~8천 명의 조선인 징용자와 일본인 선원 255명이 승선하고 있었는데 이중에서 조선인 1,350명과 일본인 25명이 사망했다고 한다.

침몰된 우키지마마루는 9년 후에 인양되었는데 인양선에는 많은 조선인들의 시체가 있었으므로 사고 직후 발표한 일본정부의 사망자수는 허위 조작되었음이 밝혀졌다.

배에 탔던 선원들의 증언에 따르면 이 군함은 처음부터 부산항으로 갈 의사가 없었던 것이다. 8월 15일에 일본이 항복을 하자 점령군 사령부는 8월 22일에 일본 해군과 민간 선박회사에게 8월 24일 이후는 일체 항해를 금지한다는 명령을 내렸다.

그러나 일본군은 8월 22일에 우키지마마루를 출항시켰다. 항해 속도와 부산까지의 거리를 계산하면 8월 25일 전까지 부산에 도착하는 것은 불가능하다는 것을 알면서도 출항시킨 것이다. 또 한 가지 중요한 증언은 오미나도에서 떠날 때부터 이미 항해에 필요한 기름을 채우지 않은 상태였다는 것이다. 그러니 처음부터 부산까지 갈 생각이 없었던 게 분명하다.

그러면 일본군은 왜 우키지마마루를 이용하여 징용조선인을 학살한 것일까. 이 문제에 대해서도 생존자들의 증언이 있다. 일본군은 전쟁 중에 군항의 역할을 했던 오미나도항을 미군이 일본 본토에 상륙하더라도 수개월간 끄떡없이 버틸 수 있는 진지로 만들고 싶어했다. 그런 강력한 진지를 만들기 위해서는 동서를 횡단하는 철도와 수킬로미터의 지하터널이 필요했다. 그것을 건설하기 위하여 약 9천 명의 조선인 노동자를 강제 징용하여 인간 이하의 대우로 혹사함으로써 당시 수많은 조선인 노동자들이 사고로 죽고 병들어 죽었다. 이와 같은 사실이 점령군에 알려지는 것을 막기 위하여 일본군은 종전 일주일만에 또다시 대량 학살을 했던 것이다.

일본인 생존자들의 증언에 의하면 오미나도항의 주둔군은 징용 조선인을 부산항으로 귀환시키는 이유에 대해서 선원들에게 다음과 같이 설명했다고 한다.

'징용 조선인 노동자들이 폭동을 일으킬 염려가 있으므로 빠른 시일 내에 귀환시켜야 한다.'

조선인의 폭동 운운은 우키지마마루의 선원들이 출항을 반대했기 때문이라고 한다. 관동 대지진 때 일본의 경찰과 군이 조선인이 폭동을 일으킨다는 유언비어를 유포해 대학살을 이끌어낸 것과 같은 수법이었다. 일본인들은 침략전쟁에 이기기 위하여 조선인 노동자들을 강제로 징용하여 굶주림과 병마 속에서 인간 이하의 노예 취급을 하면서 마음껏 부려먹고 학대했다. 그리고는 패전하자 자기들의 불이익을 감추기 위하여 1,350명이나 되는 징용 조선인들을 학살했던 것이다.

1945년 일본이 전쟁에 패망한 당시 우리나라에는 수십만 명의 일본인들이 살고 있었다. 그들은 우리에게서 강제로 나라를 빼앗고 우리 땅에서 호의호식하면서 갖은 만행을 저질러온 불구대천의 원수였으나 그래도 우리는 그들의 몸에 손대지 않았다. 귀국하는 그들이 안심하고 떠날 수 있도록 길을 내주었다.

미군이 상륙하기 전과 후, 일본인에 대해 우리가 보복을 하기로 마음을 먹었다면 얼마든지 할 수도 있었을 것이나 우리는 그러지 않았다. 인간적인 대우를 해 주었고 따라서 불상사가 한 건도 없었다. 우리 조상들은 홍익인간의 정신으로 이웃을 사랑하고 상부상조하며 살아왔기 때문에 우리에게 온갖 괴로움을 다 준 일본인에게 복수하지 않고 일본으로 고이 귀국시켰던 것이다.

그러나 그들은 어떻게 했던가. 오랜 고생 끝에 마침내 조국이 해방되어 꿈에도 그리던 고향으로 돌아가서 하루빨리 사랑하는 처자식과 만나기를 고대하며 배에 올랐던 우리의 동포들을 바다 속에 수장시켰다. 눈물도 피도 없는 인간들이다.

5. 화살을 머리 속에 감추고
칼을 옷 속에 차는 일본인

(1) 과거의 침략전쟁은 정당했던가

일본서기에 기록되어 있는 '화살을 머리 속에 감추고 칼을 옷 속에 차는' 애조의 습성이라든가, '공격을 하면 풀 속에 숨고 추격을 하면 산 속으로 도망가는' 애조의 면모는 모두 정정당당하지 못하고 비겁하다는 것을 의미한다. 이것이 일본의 정사에 기록된 일본민족의 조상 애조의 본성이다.

이러한 애조의 본성이 현대 일본인의 문화와 관습에 어떻게 전해지고 있는지 살펴보자.

1995년은 일본이 태평양전쟁에 패망한 지 50주년이 되는 해였다. 일본인들은 절대로 전쟁에 패망했다고 표현하지 않고 종전終戰했다고 말한다. 즉 전쟁에 져서 망한 것이 아니라 전쟁이 끝났다고 생각하는 것이다.

이 해에 여러 가지 패전행사를 했는데 비교적 양심적인 한 정당이 과거의 침략전쟁을 반성하는 뜻에서 침략당한 국가에 사과하고 앞으로는 전쟁을 하지 않겠다는 부전결의안不戰決議案을 만들어서 국회에 제출했다. 그러나 우익정당과 사회의 우익단체들이 결사반대하고 5백만 명의 반대서명을 국회에 제출하여 결국 최초의 결의안은 사라지고 침략과 사죄라는 문구는 본래의 취지를 짐작하기 어려울 만큼 변조된 후에 통과되었다.

한 예로 '침략'이라는 문구는 '출병出兵'이라는 문구로 변조되고 '사죄'라는 문구는 이중삼중으로 돌려서 자기 변호에 가까운 문구로 대체되었다.

이와 같은 결의안에 대해 영국의 타임스지는 〈No라고 말하게 되었어도 죄송하다고 말하지 않는 일본인〉이라는 제하의 사설을 통해 이 결의안을 비판했고, 미국의 뉴욕타임즈는 '숙제 안 해온 학생의 반성문 정도'라고 꼬집었다. 또 중국의 신화사 통신은 '이미 역사에서 정설로 되어 있는 일본의 침략전쟁에 대해 일본은 확실한 태도를 취하지 않고 있다'고 비판했다.

이런 결의안이 만들어지고 통과될 것이라는 것은 이미 예측된 일이다. 그동안 자기들은 결코 침략전쟁을 하지 않았고, 백인의 식민통치를 막기 위해 출병했을 뿐이라고 주장해왔던 일본인들은 패전 50주년을 계기로 동원할 수 있는 모든 활자매체와 언론매체를 통해 자기들의 침략전쟁을 정당화하고 변호하고, 자기들이 저지른 것으로 알려진 만주와 중국에서의 학살사건은 절대 사실이 아니라고 극구 부인했다.

「대동아전쟁의 진실」의 저자 나카지마中島英迪는 그 책을 통해 동아시아의 전쟁은 일본이 정당했고, 만주와 중국에서의 학살사건은 모두 사실이 아니며, 한일병탄도 당시 러시아가 대한제국을 지배하려 했기 때문에 이것을 막기 위하여 일본이 먼저 손을 쓴 것이라고 주장했다.

아울러 나카지마는 태평양전쟁 패망 후 일본 도쿄에서 열린 전범재판은 모두 엉터리였다고 주장하고 있다. 국제법에는 전쟁을 범죄라고 한 규정이 없으므로 도쿄 재판은 법적 근거가 없다는 것이다. 당시 연합군 사령관이 극동 국제군사재판소 조례를 만들어서 재판을 했는데, 이는 법의 불소급의 원칙에 어긋난다는 논리였다.

이게 할 소리인가. 아시아 여러 나라에서 수백만의 양민을 학살해 놓고도 법적으로 근거가 없으니 자기들을 처벌할 수 없다는 말을 한다는 것이 가당키나 한가 말이다. 뿐만 아니라 「봉인封印의 소화사昭和史」라는 책을 쓴 와타나베도 이와 똑같은 주장을 하고 있다. 일본인의 대다수가 이처럼 생각한다고 보아도 틀리지 않다. 앞서 언급한 부전결의안도 이런 식으로 변질된 것이다.

제2차 세계대전 때 주변국을 침략하고 수많은 사람을 학살한 독일이 전후 이들 피해국에 어떻게 했는지를 비교해 보면 일본인의 본성이 더욱 뚜렷이 드러난다.

독일 국민은 제2차 세계대전 후 50년간 전쟁 피해국에 대해 사죄는 물론 물질적인 보상을 했다. 1970년은 종전 25주년이 되는 해였는데 당시 빌리 브란트 서독 총리는 폴란드를 방문하여 '과거를 기억하지 못하면 영혼이 병든다'라고 말하며 총리 신분으로 전쟁 때의 유태인 수용소를 찾아 사죄의 눈물을 흘렸다고 한다.

또 1994년의 종전 50주년을 맞이하여 이스라엘을 방문한 콜 총리는 예루살렘의 학살박물관을 방문하고 전쟁 당시 독일의 행동에 대해 사과의 뜻을 나타냈다. 독일의 법원도 과거의 과오를 반성하는 일에 인색하지 않았다.

어떤 독일인이 '아우슈비츠 수용소에서의 유태인의 학살은 사실이 아니다'라고 하여 법원에 소송을 했는데 독일 헌법재판소는 '아우슈비츠에 대한 망언은 언론자유를 벗어나며 그것만으로도 형사처벌을 받을 수 있다'라는 판결을 내려 자신들의 죄과를 인정하고 반성하려는 의지를 분명히 했다.

패전 직후인 1951년 당시 독일의 총리 아데나워는 국회에서의 연설을 통해 '나치 시대 국내외의 유태인에게 준 고통을 독일 정부와 국민은 알고 있다'라면서 '그들의 정신적 고통을 물질적으로 보상해야 한다'고 밝혔다.

이것이 유태인에 대한 보상의 근거가 되었다. 독일은 유태인에 대해 진심으로 사죄하고 연방배상법을 만들어서 2030년까지 총 2,000억 마르크를 배상하기로 했다. 또 그들은 전쟁 중 민간기업이 강제동원한 노동자에 대해서도 모두 보상해주고 있다.

이상과 같이 독일은 제2차 세계대전 중에 저지른 자신들의 과오에 대해 총리에서 일반국민에 이르기까지 진심으로 사죄하고 피해자들에게 물질적 보상까지 하고 있다.

그런데 일본은 어떠한가. 그들은 아시아의 여러 나라를 침략하여 식량과 재산을 약탈하고 노동력을 착취하고 죄 없는 양민들을 무참히 학살하고도 사죄는커녕 물질적인 보상조차 외면하고 있다. 일본인들은 좋지 않은 것, 수치스러운 것은 감추고 미화하는 버릇이 있으므로 그네들의 역사서에 다음과 같이 기록할 것이다.

'우리의 조상들은 다른 나라를 침범하지 않았다. 아시아의 여러 나라를 백인국가의 식민 통치에서 구하기 위해 성전聖戰을 수행했다.'

날조된 역사를 배운 다음세대의 일본인들은 또다시 이웃 나라를 침략할 것이고 무고한 이웃 나라의 국민들을 학살할 것이다. 일본서기의 예와 같이 조작된 역사서를 읽고 이웃 나라의 국민들을 학살했던 자기 조상들과 똑같이 말이다.

(2) 고베 지진 때 재일 한국인이 방화했는가

1995년 1월 17일, 일본 고베神戸 시에 대지진이 발생하여 시가지가 폐허가 되고 수천 명의 사망자가 발생했다. 이 지진은 고베 시를 가로지르는 지진대에서 직하형으로 발생한 것이기 때문에 인명피해도 많았지만 건물의 붕괴와 화재로 시가지 전체가 폐허가 되었다. 직하형 지진이란 시가지의 지층 가까운 곳에 진원지가 있는 경우를 말하는 것이며 피해가 가장 큰 지진이다.

고베 시의 나가다구長田區는 해안에서 가까운 구 시가지이며 목조 건물이 많은 미개발지이다. 태평양전쟁이 끝난 후 반세기가 지났지만 그때까지 옛 모습 그대로 변하지 않았던 곳이다.

그곳은 재일한국인이 많이 거주하는 공장지대인데 주로 신발공장이 많았다고 한다. 신발공장에는 가연성 원자재와 제품이 많아서 일단 화재가 발생하면 진화에 어려움이 많다. 당시 저자는 TV를 통해 화재 현장을 보고 있었는데 다른 지구는 거의 진화되었으나 나가다구는 끝까지 진화되지 않았다. 지금 생각하면 한국인들이 많이 거주하는 곳이니 일본인들이 일부러 혹은 성의 있게 진화하지 않았던 게 아닌가 하는 의심마저 든다.

그 사건이 있고 나서 일본의 국회에서는 고베 지진의 피해상황에 대한 질문이 계속 되었는데 한 국회의원이 이런 질문을 했다.

"고베 시의 재일한국인이 일부러 방화를 했다는 소문이 있는데 이것이 사실인가?"

이 말은 관동대지진 때와 같은 파급효과를 낼 뻔했다. 관동대지진 때 일본의 정부·군·경찰·소방서 그리고 민간인들은 '조선인이 방화를 하고 강탈과 살인을 하고 있다' 라는 유언비어를 퍼뜨렸고, 이에 수천 명의 무고한 조선인이 잔인한 방법으로 학살당했는데 그 국회의원은 무슨 생각으로 그런 터무니없는 발언을 했는지 알 수 없으나 아무튼 하마터면 관동대지진 때와 같은 일이 벌어질 뻔했던 것이다.

저자는 그때 아찔한 생각이 들었다. 우리 한민족이 또 당하는 것이 아닌가 하는 생각이다. 바로 그 국회의원처럼 일본인은 아직도 자기들의 잘못을 다른 사람에게 전가하는 고약한 버릇을 버리지 못하고 있다.

(3) 옴진리교가 한반도에서 건너갔는가

1995년 3월, 일본의 수도 도쿄의 지하철 전동차 안에 누군가가 '사린가스' 라는 맹독성 독가스를 뿌려서 한꺼번에 수많은 사상자를 낸 사건이 있었다. 검찰이 범인을 검거하여 조사한즉 옴진리교라는 사이비 종교의 교주가 사주한 사건임이 밝혀졌다.

세계에서 둘째라고 말하면 서러우리만큼 공공시설의 보안이 잘 되어 있는 일본에서 이와 같은 불상사가 발생하자 일본이 최고라고 자랑하던 일본인들의 자존심은 멍이 들었고 세계 여러 나라의 국민들도 또한 놀란 표정을 감추지 못했다.

그러나 어찌 보면 크게 놀랄 일도 아니었다. 원래 사람의 피를 먹고 동족을 살해하면서도 눈 하나 깜짝 않던 사무라이의 본성을 타고난 일본인들이기에 이와 같은 동족살해는 얼마든지 일어날 수 있는 일이기 때문이다. 또 이 사건은 근친결혼에 의한 재앙이 결국은 부메랑처럼 자기 자신에게로 돌아온다는 성서의 가르침과 맥을 같이하고 있다고 보아진다. 근친결혼에 의해 출생한 일본의 수많은 정신박약아들이 동족은 물론 다른 나라의 죄 없는 사람들을 무참히 살해해왔고 앞으로도 그러하지 않으리라는 보장은 없다.

더욱 불행한 일은 일본인들이 이와 같이 좋지 않은 일을 겪고 전혀 엉뚱한 다른 사람에게 그 책임을 전가하는 고약한 버릇을 버리지 못했다는 점이다. 일본의 지성이라고 할 수 있는 국회의원들을 비롯해서 각종 간행물들은 옴진리교가 한반도에서 건너온 것이라고 주장하고 있으니 통탄을 금할 길 없다.

당시 일본의 참의원 히라노平野貞夫는 '옴진리교의 최고 간부 한 사람이 러시아에 수차례 다녀왔는데 이때 북한에도 십여 차례 갔었다는 보도가 있어 국민이 우려하고 있다' 라는 발언과 함께 사실 확인을 요구했다.

또 구리모도栗本慎郎 의원은 유력 주간지에 기고한 글에서 '옴진리교의 교주 아사하라麻原彰晃의 아버지는 북한에서 건너왔다' 고 주장했다. 그는 또 옴진리교의 교리와 그 포교방법이 한국의 유사종교와 같다고 주장하고 있다.

이들 국회의원들은 모두 애조의 직계 자손일 것이다. 히라노平野는 집이 평야에 있었고 구리모도栗本는 집이 밤나무 밑에 있었던 애조의 자손들이 메이지유신 때 성씨를 만든 것이다. 틀림없이 이들은 1923년 관동대지진 때 피 흘리던 한국인을 상상하면서 이와 같은 망언을 했을 것이다.

우리나라에는 옴진리교처럼 수천 명의 동족을 살해하는 종교는 과거는 물론이고 지금도 없다. 그러나 일본에는 옴진리교와 같은 사이비 종교가 발생할 수 있는 소지가 곳곳에 도사리고 있다. 일본서기에 기록되어 있는 바와 같이 일본인들은 본시 이상야릇한 귀신에 시달려왔고 가지각색의 수많은 귀신들을 만들어 숭배하며 도처에 사당과 신사를 만들어놓고 도와달라고 비는 사람들이다. 이제는 이것도 모자라 옴진리교와 같은 사이비 종교를 만들어서 믿고 있는 것이다.

그들이 어떤 종교를 믿든, 그들이 어떤 불행한 사건에 노출되든 우리가 상관할 바는 아니다. 문제는 그들이 비문명적이고 충격적인 사건이 일어날 때마다 그 책임을 한국에 떠넘긴다는 데에 있다. 옴진리교 사건 때만 해도 일국의 국회의원이라는 자가 교주가 북한인이라는 둥 포교방법이 한국의 어떤 종교와 같다는 둥 전혀 근거 없고 확인되지 않은 사실을 내뱉음으로써 문제의 핵심을 흐리고 책임을 남에게 전가하고 있으니 한심할 따름이다.

(4) 종군위안부가 창녀였는가

1989년 한국여성단체 연합회가 중심이 되어 일제시대의 종군위안부 문제를 제기하자 이듬해인 1990년에 일본 참의원 모도오카本岡照次 사회당의원이 일본정부에 종군위안부에 관한 조사를 요구했다. 이에 대해 일본정부는

'종군위안부는 국가와 군은 관련하지 않았고 민간업자가 한 일'이라고 답변했다.

이 문제로 논쟁이 벌어지자 일본인 요시다吉田淸治가 북해도 신문에 자신이 위안부의 강제연행에 관여했었다는 사실을 폭로했다. 그의 발언은 엄청난 화제를 불러일으켰다. 그는 전쟁이 끝나자 종군위안부를 포함한 강제연행 관련 공식기록과 문서는 당시 내무차관의 명령으로 모두 소각처분되었다고 밝혔다.

이에 대해 일본정부는 기자회견을 통해 '정부 관계기관이 관여했다는 자료가 발견되지 않아 대처하기 곤란하다'고 언급하고 이 문제를 회피하려 했다. 종군위안부에 대해 한국정부가 철저한 조사를 요구하자 1992년에 일본정부는 앞으로 관계부처의 자료를 철저히 조사하겠다고만 발표했다.

그로부터 2년여의 시간이 지난 뒤 일본정부는 자기들이 조사한 결과를 다음과 같이 발표했다.

① 위안소 설치

1937년 중일전쟁이 발발한 다음해에 일본군이 중국의 일부를 점령하고 있을 때 일본군인들이 중국여인을 강간하는 사건이 전지역에 걸쳐서 빈발했다. 이로 인해 중국의 각 지방에 반일감정이 생겼고 또 성병이 만연했으므로 이것을 방지하기 위해 정식으로 위안소를 설치하여 운영관리하게 되었다.

② 위안부의 모집과 관리

군이 직접 위안부를 모집한 것이 아니었고 민간인이 모집하고 관리했다.

③ 위안부의 실태

일본 방위청 문서에 의하면 병사는 아침 9시부터 오후 4시까지, 하사관과 군속은 오후 4시부터 7시까지, 장교는 그 이후 시간에 위안부를 이용했다.

일본정부가 조사한 내용은 위와 같으나 우리 정부도 이에 대한 조사를 했다. 한국정부가 조사한 내용은 다음과 같다.

① 위안소 설치

1918년 일본군의 시베리아 출병 때 일본군은 러시아 여성에 대한 강간사건이 빈발하자 성병이 만연하여 결국 군의 전투력 저하를 가져왔다. 1932년 만주침략 이후 일본군인의 현지여인에 대한 강간사건이 빈발해지자 반일감정이 폭발했으므로 군당국은 군대위안소를 창설했다. 이와 같이 일본군은 인류역사상 유례없는 군대위안소를 창설하여 군인들의 성욕구을 해결하려 했던 것이다. 일본군인들은 낮에는 총을 가지고 적군을 죽이고 밤에는 위안부를 안고 순간의 쾌락에 빠져들어 전쟁터의 긴장과 고달픔을 잊고자 했다.

② 위안부 모집

1932년 최초로 위안소를 설치했을 때는 주로 군부대 주변의 매춘업자가 위안부를 조달했다. 1938년부터는 도시 부근의 식당종업원, 여자직원 등을 모집하여 위안부로 충당했다.

1940년 이후 만주의 관동군 병력 1백만 명을 위한 8천 명의 위안부를 조달하기 위하여 관동군 사령부는 조선총독부에 의뢰하여 각 도, 군, 면에 동원령을 은밀히 하달했고 면장의 책임 하에 위안부를 조달했다.

　1943년 이후는 조선인 여성이 위안부로 끌려간다는 소문이 나서 사기에 의한 모집이 통하지 않게 되자 이번에는 주로 공갈과 납치 등에 의해 위안부를 충당하게 되었다.

　몇 가지 사례를 들어보면,

　A사례

　1940년 전후 일본은 전쟁물자가 부족했으므로 우리나라의 놋그릇을 강제로 공출했는데 이에 반대하는 사람과 창씨개명을 반대하는 사람을 경찰서에 연행했다. 한 처녀는 동네 이장이 애국봉사대에 자원하면 아버지가 가석방될 것이라고 하기에 스스로 지원했다. 그러나 그 길로 군대위안부로 끌려갔으며 인도네시아 자카르타의 위안소로 연행되어 가는 도중 불임수술을 받았다. 이 위안부는 1946년 3월경 미군의 도움으로 무사히 귀환했다.

　B사례

　1943년 9월경, 한 처녀는 부산진역 앞에서 일본경찰에 강제 연행되어 일본 오시키로 끌려간 뒤 위안부가 되었다. 그녀는 위안부생활이 곤욕스러워 탈출을 시도했으나 잡혀서 모진 매를 맞았으며 상처를 치료하지도 못한 채

다시 위안부생활을 강요당했다.

C사례

한 시골처녀는 일본인 여자 한 명과 우리나라 남자 한 명이 찾아와서 부산의 공장에 취직시켜준다는 꾐에 속아서 50여 명의 여자들과 함께 징발되었다. 이들은 일본 본토 군부대의 위안부가 되었다.

D사례

한 처녀는 설탕공장에 취직시켜준다는 말에 속아서 현지에 끌려간 뒤 위안소라는 것을 처음 알았는데 남태평양의 섬이었다. 위안부생활을 하다가 종전이 되어 미군의 포로로 있다가 해방 후 귀환했다.

이상 위안부에 관한 일본정부의 보고서와 한국정부의 보고서를 간단히 소개했다.

최근 도쿄대학의 모 교수는 일제시대의 종군위안부에 대한 문서가 발견되지 않았으므로 이 사건을 교과서에 수록해서는 안 된다고 주장하고 있다. 물론 그들은 전쟁이 끝나자 종군위안부에 관한 공식기록과 문서를 당시 내무차관의 명령으로 모두 소각처분했다는 사실을 알면서도 이와 같은 망언을 하고 있는 것이다.

또 일본 참의원인 모 의원도 종군위안부는 돈을 받았던 창녀라고 주장하고 있다. 아무것도 모르는 시골처녀들이 무슨 수단으로 이역만리 떨어진 동남아의 낯선 나라들로 갈 수 있었단 말인가.

일본정부는 이런 식으로 고위급 관료나 대학 교수들까지 동원하여 당시 종군위안부가 국가나 군과는 아무런 관계가 없는 창녀였다고 주장하고 있다.

그러나 조선인 종군위안부의 실상을 객관적으로 기록한 미군의 보고서가 1992년에 입수되었다. 미군이 작성한 '종군위안부 심문보고서'가 1992년 3월 11일부터 독립기념관에 전시되었다. 이 보고서는 1945년 8월 미얀마 전선에서 미군이 체포한 일본군 포로 중 조선인 종군위안부 20명을 조사한 것으로, 전쟁 현장에서 직접 채취한 기록이므로 위안부에 관련된 자료 중에서는 가장 객관적인 것으로 평가된다.

보고서의 일부를 소개하면 다음과 같다.

① 위안부의 모집

일본인 징발업자들이 병원에서 붕대을 감는 일 따위의 쉬운 일을 하면서 돈을 많이 벌 수 있는 일이 있으니 싱가포르 같은 새로운 세계로 가자고 꼬여 여성들을 모집했다.

② 배치

이들 위안부는 미얀마의 수도 랑군에 도착한 뒤 8~20명씩 집단을 이루이 일본군 주둔지 근처로 배치되있다.

③ 위안소

이들은 학교와 같은 건물을 개조하여 작은 방 하나씩을 배당받아 그곳에서 매일 오전 10시부터 밤 12시까지 일본군의 노리개가 되어야 했다.

④ 포로가 된 경위

태평양전쟁이 불리해지자 일본군이 후퇴를 하게 되었는데 그들은 위안부에게는 알리지 않고 자기들만 도망을 갔다.

이 보고서를 통해 우리는 중요한 사실을 알게 되었다. 일본군은 전쟁 중에는 조선위안부를 마음껏 이용해놓고 패전 후 후퇴하게 되자 위안부를 모두 버리고 자기들만 도망을 간 것이다. 일본서기에 '애조는 은혜를 입고도 잊어버린다'고 기록되어 있다. 애조의 후손들인 그들에게는 당연한 일이었을 것이다. 이 일은 또한 해방 직후 징용조선인을 학살한 것과 맥을 같이하고 있다고 보아진다.

6. 민족의 뿌리를 조작하는 일본인

(1) 일본인의 조상은 유태인인가

「지워진 고대 일본역사」라는 책을 쓴 아라가와荒川敏는 일본인의 조상은 유태인이라고 주장하고 있다. 아라가와가 그와 같이 주장하는 이유는 다음과 같다.

일본인은 유태인처럼 머리가 좋으니까 조상이 같다는 것이다. 일본인은 동양에서는 노벨상을 가장 많이 받았으므로 동양인은 아니고 머리가 좋은 유태인의 후손이라는 것이다.

노벨상 수상을 자민족 두뇌의 우수성의 근거로 삼은 것도 우스운 일이지만 애조의 후손이며 오랫동안 근친혼의 관습이 있었던 일본에 그나마 우수한 인재가 태어날 수 있었던 것은 그들이 유태인의 후손이어서가 아니라 한국인의 후손이기 때문이다. 한국인은 유태인처럼 근친혼을 하지 않는다. 한국인이야말로 머리가 좋다.

「일본·유태 동조론同祖論의 심층」이라는 책을 쓴 사가이泗井勝軍라는 사람은 모세가 일본에 왔다고 다음과 같은 주장을 하고 있다.

'이집트를 탈출한 유태인의 집단은 모세를 지도자로 하여 젖과 꿀이 넘치는 일본으로 대이동을 하기 위하여 사막을 가로지르고 실크로드에서 한반도를 거쳐서 일본에 상륙했다.'

대한제국을 강제로 합병할 때는 '한·일 동조론'을 주장하더니 이번에는 일·유태 동조론이다. 자기들의 이익을 위해서는 무슨 짓이든 하는 일본인들. 2천 년 동안 변하지 않는 야만족 애조의 본성을 여기서도 확인할 수 있다.

아라가와는 일본 11대 일왕 때(290년) 예수가 일본에 왔다고 주장하기도
한다.

'예수가 십자가의 형을 받고 죽었다고 되어 있으나 사실은 예수가 죽은
것이 아니라 예수의 동생이 십자가에 못 박혀 죽은 것이다. 예수가 21세 때
일본으로 도망와서 신학과 언령학言靈學에 대한 수도를 했고 그 지식을 가
지고 고국 이스라엘로 돌아가서 기독교를 포교했던 것이다.'

아라가와의 주장에 의하면 예수는 지금으로부터 1684년 전에 태어난 것
으로 계산된다. 예수에 대한 모든 기록과 고고학적 유물 등에 의해 세상의
모든 사람들이 예수의 탄생은 지금으로부터 2천 년 전이라고 믿고 있는데
아라가와는 예수가 1684년 전에 탄생했고 일본에 왔다고 주장하고 있는 것
이다.

혀를 찰 노릇이다. 사실 저자는 아라가와의 주장을 인용하는 것 자체가
부끄러울 지경이다. 하지만 애조의 후손들의 본성이 이렇다는 것을 이야기
하기 위해서 부득이 인용을 한 것이다. 전형적인 예에 속하기 때문이다. 일
본인들은 자기 민족의 뿌리를 조작하기 위하여 이처럼 자신이 유태인의 후
손이라며 예수를 내세우기까지 한다. 야만족 중에서도 가장 야만스러운 애
조의 본성이니 어쩔 수 없겠지만 자기 민족의 뿌리까지 감추려 드는 그들을
보면 때로는 안쓰럽기조차 하다.

(2) 일본인의 조상은 화남인인가

최근에 「일본인은 어디서 왔는가」라는 책을 쓴 히구치樋口隆康는 일본민족의 조상은 애조도 아니고 구마소도 아닌 중국의 화남인華南人이라고 주장하고 있다. 히구치는 중국의 화남인이 동지나해를 건너서 벼농사를 일본에 전했기 때문에 그들이 일본민족의 조상이라는 것이다.

히구치가 주장하는 화남인 조상론은 여러 면에서 이치에 맞지 않는다. 우선 벼농사를 전한 화남인이나 한국인은 어디까지나 일본에 이주한 사람이지 일본의 원주민은 아니다. 일본인의 조상은 벼농사를 도입하기 이전부터 일본에 살았던 구마소와 애조이다.

벼농사가 들어오기 전의 일본인들은 나무열매라든가 멧돼지와 사슴 그리고 물고기를 주식으로 하고 있었으므로, 비교적 이런 것들을 구하기 쉬운 동쪽지방에 많이 살고 있었을 것이다.

기원전후에 한반도 혹은 중국에서 벼농사가 들어오자 주로 일본열도의 서쪽 지방부터 생활이 달라졌다. 즉 채취농업에서 재배농업으로 전환된 것이다. 이 과정에서 일본에 벼농사를 가지고 간 민족이 일본의 지배자가 되었으리라는 것을 추측할 수 있다.

기원전 600~1000년경에 한반도에서 벼농사를 지었다는 기록이 있고, 일본은 기원후에 농경이 시작되었다는 설이 있으므로, 일본에 벼농사를 전한 것은 화남인보다는 한반도인이라고 생각하는 것이 여러 모로 타당할 것이다.

(3) 왜구가 한국인인가

삼국사기 신라본기에는 신라의 건국(기원전 50년) 이후 400년경까지 수십 차례에 걸쳐 왜인倭人이 변방을 침범했다고 기록되어 있고, 고려사에는 고려말기(1349~1373) 약 30년 사이에 70여 차례나 왜구가 해안가에 침입하여 살인과 약탈을 했다고 기록되어 있다.

왜인은 왜국의 사람이라는 뜻으로, 중국의 역사사와 한국의 역사서에 기록되어 있는 바와 같이 지금의 일본인을 말한다. 왜인 또는 왜구는 선박을 이용해 해안가에 침입하여 살인하고 약탈을 해가던 해적이었다.

고려의 공민왕 9년에는 왜구가 강화도에 침입하여 3백여 명의 양민을 학살하고 양곡 수만 석을 탈취했고, 공민왕 21년에는 왜구가 안변에 침입하여 양곡 1만여 석을 탈취하고 부녀자를 납치했다고 고려사에 기록되어 있다.

왜구는 수십 척에서 수백 척의 선박을 이용하여 주로 해안에 있는 농어촌을 침범하여 농어민을 학살했고, 해안가에 있는 정부의 양곡 창고를 습격하여 정부미를 약탈했다.

고려시대에는 각 지방의 세미稅米를 해안가에 있는 창고에 보관해 두었다가 배에 싣고 서해안을 거쳐 수도의 경창京倉으로 운송했다. 왜구가 양곡운반선을 습격하여 세미를 약탈했으므로 공민왕 5년에는 일시적으로 선박운송을 중지하고 육로를 이용하여 운반한 적도 있었다.

이와 같이 신라의 건국초부터 고려말 그리고 조선조 말까지 수백 년 동안 왜구는 툭하면 여러 해안지방에 나타나 살인, 약탈, 부녀자 납치 등 온갖 만행을 저질렀다. 2천 년 전 도당을 모아 변경을 침범하여 토지를 약탈하고 동족을 살상했던 애조의 본성이 자손들에게 전해진 것이다.

그런데 최근에 왜구에 대해 이상야릇한 주장을 하는 일본인이 나타났다. 「중세의 왜인전」이라는 책을 쓴 무라이村井章介는 그 책에서 왜구는 일본인 해적이 아니라는 것이다. 왜구, 왜인, 왜어倭語, 왜복倭服 등의 왜는 일본과 아무런 관계가 없다는 것이다.

중국의 역사서 후한서 왜인전에는 기원 전후부터 일본을 왜국, 일본인을 왜인이라고 기록되어 있다. 삼국사기와 고려사에도 왜국, 왜인이라고 기록되어 있고 조선 역사서에도 그렇게 기록되어 있다.

사무라이가 정권을 잡고 있었던 아시가가 막부足利幕府 때 그들은 두목 아시가가 요시미즈足利義滿가 죽은 다음 그 아들 요시모지義持가 후계자가 되었다는 것을 조선조 태종(1411년)에 보고하면서 왜구에 대해 엄격히 단속하겠다는 서한을 보내온 사실이 기록으로 남아 있다.

이와 같이 역사에 엄연히 기록되어 있는데도 무라이는 왜인과 왜구는 일본인이 아니라고 우긴다. 그러면 왜구는 어느 나라 사람인가. 이 질문에 대한 무라이의 대답이 더 걸작이다. 왜구는 일본인과 한국인의 연합집단이든가 그렇지 않으면 한국인의 집단이라는 것이다.

고대 중국의 역사서와 한국의 역사서에도 왜인과 왜구는 일본인이라고 기록되어 있고 사무라이의 두목도 일본인이라고 인정을 하고 있는데 무라이는 무슨 이유로 일본인이 아니라고 주장하는 것일까. 무라이는 자기들의 조상을 부정하고 조작하는 추악한 일본인의 표본이다. 자기들의 조상의 불명예를 은폐하기 위하여 이와 같이 조상을 부정하는 것이다. 무라이村井章介야말로 순종 애조일 것이다. 그의 조상은 마을에 우물이 있는(村井) 집에 살다가 메이지유신 때 성씨를 만든 애조의 후손이었을 것이 분명하다. 애조는 메이지유신 전에는 성씨조차 없는 것들이었으니까.

(4) 일본인의 조상은 근동인인가

수년 전 저자는 우연히 일본의 유력 일간신문사에서 발간하는 주간지를 읽고 놀란 적이 있다. '일본인의 조상은 근동인이다' 라는 제목의 기사였는데, 내용인즉 일본인의 조상은 동양인도 아니고 서양인도 아닌 근동인近東人이라는 것이다.

근동이라는 지역은 동양과 서양 사이에 있는 터키 · 이란 · 이라크 · 시리아 등의 여러 나라를 말한다. 얼굴이 노랗고 코가 납작하며 키가 난쟁이처럼 작은 일본인이 어떻게 근동인의 후손이라는 것인가. 그 논리의 근거는 근동인과 일본인의 혈액분포가 닮았다는 것이다.

일본민족의 조상이 큐슈의 구마소와 동쪽과 북쪽 지방의 애조라는 것은 자기들 역사서인 일본서기에 이미 기록되어 있다. 이들의 요사스러움이 역사서에 기록되어 있으므로 이와 같이 불명예스러운 자기들의 조상을 숨기기 위하여 애매모호한 근동인을 들고 나온 것이다.

「일본인은 어디서 왔는가」라는 책을 쓴 히구치는 아이누인은 일본민족이 아니며 북방의 이민족이라고 주장하고 있다.

아이누인은 1700년대에 처음으로 사용했던 말로, 그 전에는 애조라고 역사서에 기록되어 있다. 앞에서도 설명한 바와 같이 애조는 흉악한 민족이었으므로 이것을 숨기기 위하여 1700년경부터는 역사서에서 애조라는 말이 사라지고 대신 아이누인이라는 말을 사용하기 시작했으며 그것이 현재에 이르고 있는 것이다.

일본은 메이지유신 이후 군사대국이 되었고 태평양전쟁 이후 잘살게 되자 자기들의 옛 조상을 조작하는 사람들이 많아졌다. 그러나 아무리 자기들의 조상이 못나고 부끄럽다 해도 자기의 뿌리와 핏줄을 부인한다는 것은 있을 수 없는 일이 아닌가.

7. 조선총독부는 무엇을 했던가

(1) 명성황후 시해와 강제 합병

1895년 명성황후가 시해당할 때 현장에 있었던 사람의 보고서가 최근에 공개되었다.

'러시아 아카데미 문학연구소'의 김려춘金麗瑃 교수가 러시아 외교관계 고문서관外交關係古文書館에서 발견한 이 자료는 러시아인 건축기사 사바친 씨가 명성황후가 당시 일본공사가 지휘한 일본군인에 의해 시해당하는 것을 목격한 보고서이다.

사바친 씨는 구한말 덕수궁을 건립할 때 건축기사로 활약했으며 1883년에서 1895년까지 12년간 서울에 거주했던 건축기사였다. 보고서에 의하면 사바친 씨는 일본군인 40~50명이 경복궁 안에 있는 명성황후의 침전에 침입하여 황후를 시해하는 현장을 직접 목격했다는 것이다.

당시 일본군인을 직접 지휘한 미우라三浦梧樓 공사는 처음에는 조선 군인들이 저질렀다고 주장했다가 러시아의 공사가 사바친이 현장에서 직접 목격했다고 증언하자 이번에는 일본의 사무라이들 중에서 실직한 낭인浪人들이 한 것이라고 번복했다고 한다.

당시 일본인들은 이완용 등 몇 사람의 매국노를 매수하여 한일합병을 추진했으나 명성황후가 강력히 반대해 뜻을 이루지 못하고 있었다. 그후 미우라가 명성황후를 시해하여 걸림돌을 제거하자 일본은 곧 야망을 이룰 수 있게 되었다.

최근에 서울대학교 이태진 교수가 규장각에서 한일합병에 관한 문서를 발견했는데, 이 문서에는 한일합병조약을 선포한 황제 칙유勅諭에는 국새가 아니라 1907년에 고종 황제를 강제 퇴위시킬 때 일본인이 강제로 빼앗아간 어새勅命之寶만 찍혀 있고 마지막 절차에 해당하는 칙유서명은 하지 않았다는 것을 확인했다.

이와 같은 사실을 확인하는 또 하나의 증거가 최근에 발견되었다. 대한제국 마지막 황제인 순종이 임종 직전 한일합병조약은 자신의 의지와 무관하게 이루어진 것이므로 폐기되어야 한다고 밝힌 유조遺詔가 교민신문에 게재되었던 사실이 확인되었다.

서울대학교 이태진 교수에 의하면 미국 샌프란시스코에서 발행한 교민신문 신한민보新韓民報의 1926년 7월 8일자에 순종이 국내대신 조정구趙鼎九에게 받아 적게 한 유조가 게재되어 있음을 확인했다.

신한민보에 게재된 내용은 다음과 같다.

'지난날(1910년)의 병합인준은 일본이 역신의 무리와 더불어 제멋대로 만들어 제멋대로 선포한 것이다' 라고 밝히고 '구차하게 죽지 않은 지가 지금에 17년이라 종사宗社의 죄인이 되고 2천만 생민의 죄인이 되었으니 한 목숨이 꺼지지 않는 한 잠시도 이를 잊을 수 없는지라. 지금 병이 침중하니 일언一言을 하지 않고 죽으면 짐이 죽어서도 눈을 감지 못하리라' 라고 말했다.

순종은 또 '내가 가장 존경하고 가장 사랑하는 백성들로 하여금 내가 한 것이 아님을 분명히 알게 하면 이전의 이른바 병합인준과 나라를 양도하는 조칙詔勅은 저절로 파기에 돌아가고 말 것이리라' 라고 말하며 노력하여 나라를 되찾으라고 촉구했다.

러시아 건축사 사바친의 기록과 한일합병에 관한 규장각 보관 문서, 그리고 신한민보에 게재되어 있던 순종의 유언 등에서 알 수 있듯이 한일합병조약은 일본의 강제적인 협박과 매국노들의 배신에 의해 불법적으로 이루어졌다는 것을 알 수 있다.

최근에 일본의 정부고관과 우익단체들은 한결같이 한일합병은 정당하고 합법적으로 이루어진 것이라고 주장하고 있다.

1995년은 일본이 태평양전쟁에 패망한 지 50주년이 되는 해였는데 일본에서는 여러 다양한 행사가 있었다. 행사 중에는 한일합병에 대한 것도 있었는데 일본의 정부고관과 우익단체들이 한결같이 과거 침략전쟁은 정당했다고 주장하는 가운데 한일합병 또한 정당했다고 주장했다.

당시 와타나베 부총리 겸 외무장관은 한일합병조약은 원만하게 체결된 것으로서 합법적이었다고 망언을 하는가 하면 무라야마 총리도 중의원 본회의에서 한일합병조약은 당시 국제적 상황에서 법적으로 유효했다고 주장했다.

또 우익단체들도 각종 인쇄물을 통해서 한일합병조약의 정당성은 주장했다.

「추한 한국인…」이란 책을 쓴 가세加英明, 「봉인封印의 일본사」와 「한국의 교민」이린 책을 쓴 와다나베 그리고 「대동아전쟁의 진실」이란 책올 쓴 니기지마 등은 모두 한일합병조약은 합법적으로 이루어졌다고 주장하고 있다.

여기에다 한국은 조선총독부 덕택에 근대화가 이루어졌고 모든 분야가 발전했다고 주장하고 있는 것이다. 35년간 갖은 약탈과 핍박을 자행하고 민족문화를 말살해놓고 잘못했다고 머리를 조아리고 거듭 사과를 해와도 참을 수 없는 판국인데 자기들 덕택에 잘살게 되었지 않느냐는 식의 망언이나 하고 있으니…. 뻔뻔스러운 애조의 본성을 여기서도 엿볼 수 있다.

(2) 창씨개명을 한국인 스스로 했던가

최근에 와타나베는 「한국의 교만」이라는 책에서 일제강점시대의 한국인의 창씨개명은 일본의 강요에 의한 것이 아니고 한국인이 스스로 한 것이었다고 주장하고 있다. 와타나베는 조선총독부의 서류를 조사했는데 창씨개명을 강요한 증거가 없었으며 따라서 한국인이 자발적으로 한 것이었다고 주장했다.

일제강점시대 창씨개명 강요는 일본인들이 주로 문중의 어른들에게 압력을 가해서 이루어졌다는 것을 저자는 잘 알고 있다. 창씨개명을 하지 않으면 여러 가지 불이익을 당하게 되어 어쩔 수 없었던 것이다. 한 예로, 끝까지 창씨개명을 하지 않은 사람은 그 가족 또는 친척을 사소한 일로 감옥에 가두어 넣고 창씨개명을 하면 풀어주는 식으로 주민의 약점을 잡아서 강요했던 것이다.

「일한 2천년의 진실」이란 책을 쓴 나고시名越三荒之助도 그 저서에서 똑같은 망언을 하고 있다. 이들은 조선총독부가 패전 직후 자국에 불리한 서류는 모두 소각처분했다는 것을 익히 알고 있으면서도 이와 같은 망언을 하고 있다. 이들은 우리나라의 성씨에 대한 관념을 모르기 때문에 이 같은 망언을 하고 있는 것이다.

한국에서 가장 많은 김金 씨는 가락국의 김수로 왕을 시조로 하는 김수로왕 계와 신라 왕실의 박朴·석昔·김金의 3성 중의 하나인 김알지金閼智 계로크게 나눌 수 있고, 박씨는 신라의 시조 박혁거세 왕을 시조로 하는 후손들이다. 그리고 정鄭 씨와 최崔 씨도 신라의 건국을 도운 신라 육부촌六部村의 촌장을 시조로 하는 후손들이다

이와 같이 한국의 성씨는 왕을 시조로 하는 것이 많고 어떤 성씨는 왕으로부터 하사받은 것도 있다. 한 예로, 신라 애장왕哀莊王 7년(806년)에 당나라에서 온 이원李瑗의 자손들이 왜인의 해족을 토벌했으므로 그 공로로 신라 경문왕 4년(864년)에 안安 씨를 하사받았다. 이와 같이 한국인의 성씨는 왕을 시조로 하는 것과 왕으로부터 하사받은 것이 많았으므로 한국인은 자신들의 성씨에 긍지를 갖고 있다.

한국에는 각 성씨마다 대동보소大同譜所라는 기구를 두고 족보를 관리하고 있다. 우리나라에서는 본관本貫이 같으면 아무리 먼 친척이라도 촌수를 따져서 친척 대우를 하는 것이 예이다. 얼마나 아름다운 일인가. 일본서기에 '형제는 서로 의심하고 도당을 모아서 이웃 마을을 습격한다'라고 기록되어 있는 천하의 야만족의 후손인 일본과는 비교가 되지 않는다.

일본은 1854년 미국에 의해 개국을 강요당했다. 그들은 미·일 화친조약

에 조인함으로써 1859년부터 미국 · 러시아 · 영국 · 네덜란드 · 프랑스 등과 정식으로 수교를 하게 되었다. 이로써 2천 년 가까이 섬나라에서 야만적인 생활을 해온 일본은 세계의 문명국을 알게 되었고 이들 나라의 국민은 모두 성씨가 있다는 것을 알게 되었다. 이때까지 사무라이와 귀족들만 성씨가 있었고 대다수 평민은 성씨가 없었다.

고대의 씨족氏族을 기록한 사서史書로 815년에 편찬한 신찬성씨록新撰姓氏錄이 있는데 이 성씨록에는 고대 신라 · 백제 · 고구려의 왕족과 귀족들의 후손들이 많이 차지하고 있다. 사무라이들은 중앙에 진출하여 성씨를 만들었고 귀족들도 모두 성씨를 만들었다. 일반 서민들이 성씨를 사용하는 것을 금지해 왔던 그들은 명치유신 때 비로소 자국의 문명이 뒤떨어진 것을 알고 1870년에 서민도 성씨를 사용할 수 있게 허가했고 1871년에 호적법을 처음 만들었다.

또 1873년에는 처음으로 징병령徵兵令을 공포하여 만 20세 이상의 남자는 군에 입대하게 했다. 입대할 때 호적을 만들고 성씨를 만들었는데 일반 서민들은 입대하는 것을 피하기 위해 성씨와 호적을 만들지 않았다.

서민들이 호적과 성씨를 만들지 않았으므로 정부는 불응자는 엄벌에 처하기로 했다. 정부가 강하게 나오니 서민들은 어쩔 수 없이 호적을 만들고 성씨를 만들었다. 성씨를 만들라는 정부의 명령이 떨어지자 글자를 모르는 평민들은 자신이 섬기고 있는 상전에게 성씨를 만들어 달라고 부탁했고 글자를 아는 친지를 찾아가서 부탁을 해야 했다. 갑자기 성씨를 만들려니 근거가 없었다. 친척과 지인들은 대체로 당사자가 살고 있는 주거지를 근거로

하여 비교적 점잖은 성씨를 만들어 주었다.

예를 들면 나무 밑에 집이 있는 사람에게는 기노시다木下, 집 근처에 큰 나무가 있는 사람에게는 오오기大木, 하천의 상류에 집이 있는 사람에게는 가와카미川上, 기와집에 사는 사람은 가와라瓦 등의 성씨를 만들어 주었던 것이다.

그러나 상전들은 좋은 성씨를 지어주지 않았다. 자기가 부리고 있는 머슴에게 장난삼아 해괴망측한 성씨를 지어준 예가 많았다. 예를 들면 도깨비를 쫓는다는 기오이鬼追, 구렁이가 사는 하천이라는 뜻의 해비가와蛇川, 엉덩이가 없다는 뜻의 자나시尻無 등등 해괴망측한 성씨를 만들어 주었다. 글을 모르는 서민들은 그것도 모르고 상전이 지어준 성씨를 고마워하며 기꺼이 사용했던 것이다.

어떤 이는 한자 하나를 정해놓고 앞뒤에 한두 개의 한자를 붙여서 성씨를 만들기도 했다. 예를 들면 돌석石 자의 앞뒤에 한자를 붙여서 만든 것이 이시이石井, 이시다石田, 이시하라石原, 오오이시大石, 가마이시鎌石 등이고, 동서남북을 성씨로 만든 이도 있으니 히가시東, 니시西, 미나미南, 기다北 등이 그것이다.

이런 식으로 성씨를 만들다보니 일본인의 성씨는 수십만 개나 된다. 또한 메이지유신 때 성씨를 만든 사람은 전 인구의 95%나 된다고 한다.

우리의 조상들은 일본인을 왜인 또는 왜놈이라고 불렀고 그들을 야만인이라고 생각했다. 왜구들이 신라·고려·조선시대에 이르기까지 수백 년간 걸핏하면 우리나라 해안마을을 침범하여 사람을 죽이고 재산을 약탈해 갔다. 임진왜란 때는 그들의 잔인성과 야만적 행위를 직접 경험하며 피눈물을 흘려야 했기에 우리의 조상들은 대대로 그들을 왜놈 혹은 상놈들이라고 했던 것이다.

와타나베는 한국인이 스스로 창시개명을 했다고 망언을 하고 있는데 도무지 말이 안 된다. 우리의 선조들은 스스로 창씨개명을 할 이유가 없었다. 명치유신 전에는 성씨도 없었던 야만인들과 경우가 다른 것이다. 나루터 부근에 살다가 명치유신 때에 겨우 성씨를 만든 와타나베는 우선 제대로 알고 말하는 것이 순서일 듯하다.

(3) 대륙침략을 위한 철도건설

1892년에 대한제국 정부는 미국인 기술자를 초빙하여 철도건설을 계획했으나 1894년에 일본이 잠자고 있던 청나라에 도발하여 청·일전쟁이 일어나는 바람에 이 계획은 중지되었다. 청·일전쟁에 이긴 일본은 대륙으로 통하는 한반도에 철도건설을 꿈꾸고 있었다.

1898년 일본은 대한제국에 압력을 가하여 경부선 철도건설 합동사업조약을 체결하게 되었고 1909년에 경부선과 경의선이 준공되자 일본의 대륙침략 음모는 더욱 가속화되었다. 1904년에는 일본이 일방적으로 러시아에 도전하여 러·일전쟁이 일어났는데 이 전쟁에 이기자 본격적으로 만주를 침략하기 시작했다.

그러나 만주와 일본 사이에 대한제국이 가로막고 있어 방해가 되자 일본은 대한제국을 1910년에 강제로 합병했던 것이다. 그후 일본은 9·18 사건을 조작하여 만주를 모조리 점령했는데 이때 병력의 증가에 따른 군수물자의 수송은 경부선과 경의선을 이용해서 수송했다.

1937년에는 만주의 노구교에서 일방적으로 일본군이 발포함으로써 중·일 전쟁이 일어났는데 이때 군수물자와 병력수송도 또한 경부선과 경의선을 이용했다. 이처럼 한반도를 종단하는 철도는 일본이 대륙을 침략하기 위해 건설해 놓은 것일 뿐이다.

그러나 최근에 와서는 일본 정부, 즉 여당의 고위급 인사들은 한반도에 철도를 건설한 것은 한국의 근대화를 위한 것이었다고 망언을 하는가 하면 가세와 와타나베 등은 자신들의 책을 통해 일제의 조선 식민통치를 미화하고 있다. 자기나라의 이익을 위해서는 무슨 짓이라도 하는 애조의 본성이 지금도 일본인의 핏속을 흐르고 있는 것이다.

(4) 경복궁 파괴 계획

1916년에 일본인은 대한제국의 상징인 경복궁 앞에 조선총독부를 건설했다. 최근에 발견된 자료에 의하면 당시 그들은 경복궁 전체를 헐어내고 대한제국의 상징인 경복궁을 흔적도 없이 파괴할 계획을 세웠던 것으로 밝혀졌다. 정부기록 보관소 부산지소에 보관되어 있는 조선총독부 신축계획 도면이 1995년 12월에 발견된 것이다.

당시 일본인들이 계획한 경복궁 내의 각종 시설물 건설도면에 의하면 경복궁 남쪽에는 조선총독부 청사를 건립하고, 그 뒤편의 궁궐은 모두 철거한 뒤 왕세자의 처소인 다선당 자리에는 광장, 왕실족보 등을 보관하는 선원당 자리에는 야외음악당, 국왕의 서재인 집경당 자리에는 분수대를 설치하려 했고, 명성황후가 시해된 건청궁 자리에는 건물의 흔적을 없애기 위해 화단을 조성하기로 계획했던 것이다.

일본인들은 이 계획을 실행에 옮기려다가 1919년의 3·1운동 등 항일운동이 격렬해지자 이 계획의 일부를 변경하여 조선총독부 청사와 총독부 관저만을 건립했던 것이다. 일본인들의 경복궁 철거 계획은 한국의 문화를 말살하려는 의도였다는 것을 우리는 너무도 잘 알고 있다.

비록 무력으로 합병은 했으나 자기들의 문화에 비해 월등히 뛰어난 우리 문화를 보자 열등감에 사로잡혀서 한국문화를 말살하기 위해 경복궁을 모두 헐어내려고 했던 것이다.

(5) 토지 약탈과 한민족 빈민화 정책

1910년 일본은 강제로 대한제국을 합병한 직후부터 토지약탈 작전을 시작했다. 합병된 지 2년 후인 1912년에 조선총독부는 조선토지조사령朝鮮土地調査令을 공포하여 일본인의 토지 약탈의 근거를 마련했다.

그들은 이 토지조사령에 의거해 1912년부터 1918년까지 6년간 우리나라의 토지를 낱낱이 조사했다. 당시 우리나라는 구한말 봉건주의 사회로 토지의 소유개념이 확립되지 않은 터였고 일반적으로 토지대장이 없었다. 일본인들은 측량을 해서 토지대장을 만들 때 많은 토지를 국유지로 만들었고 일부는 일본인 회사의 소유로 했다.

왕실소유의 토지와 소유주가 명확하지 않은 토지는 일단 국유지로 편입시킨 다음 일본인이 설립한 동양척식주식회사에 헐값으로 불하하는 식으로 약탈했다. 이렇게 해서 이 회사가 소유한 토지는 12년 만에 10만 정보가 넘었다고 한다. 이 토지는 현 서울특별시의 1.5배나 된다.

이외에 하천개수河川改修 사업을 한다는 명목으로 광대한 하천부지와 하천부근의 토지를 교묘한 방법으로 약탈했다.

조선총독부는 합병직후 1915년부터 1925년까지 10년간 하천조사를 했고 1929년부터 막대한 예산이 소요되는 하천개수공사를 시작했다. 토지조사사업과 하천개수사업을 실시하던 중 1923년에는 일본의 수도 도쿄 일대에 사상 최대의 지진이 발생하여 도쿄 시가지가 완전 폐허가 되었다. 지진 복구비에 천문학적인 예산이 소요되는데도 불구하고 막대한 예산이 드는 조선 하천개수사업을 계속 실시했다. 이와 같은 혼란기에 급하지도 않은 이 사업을 계속한 것은 일반적인 상식으로는 이해할 수 없었다. 그러나 일본인들은 중대한 음모를 꾸미고 있었던 것이다. 즉 조선의 토지를 약탈하기 위해 이 사업을 계속한 것이다.

당시 우리나라의 대부분의 하천은 개수되지 않는 자연하천이었으므로 홍

수가 날 때마다 하도河道가 변화하여 하천부근의 사유지와 하천부지를 명확하게 구별할 수 없었다. 이 같은 자연하천을 개수할 때는 하천의 너비와 제방의 높이를 결정하여 양쪽에 제방을 축조하고 꾸불꾸불한 부분을 직선화하는 것이 상식이다.

꾸불꾸불한 자연하천에 제방을 축조하여 직선화하면 하천 부근의 사유지가 하천부지로 편입되는 경우도 있고, 원 하천 부지가 제방 안쪽으로 편입되는 경우도 있다. 일본인들은 이 같은 경우의 토지를 약탈하기 위해 미리 이에 대한 법령을 마련해놓고 있었다.

1911년 공포한 토지수용령土地收用令의 제1조에 '공공의 이익을 위한 사업에 필요한 토지는 이것을 본령에 의하여 수용 또는 사용할 수 있다'와 같이 정하고 조선하천령朝鮮河川令 제4조에는 '하천은 이것을 국유지로 한다'와 같이 정하고 있으므로 이 두 법령을 적용하면 어떤 경우라도 사유지를 하천부지로 편입할 수 있었다. 그러면 원하천부지가 제방 안으로 편입되는 토지는 어떻게 되었던가. 이 경우에는 동양척식회사의 소유로 했던 것이다.

왕실소유토지, 국유지, 소유주가 명확하지 않은 토지, 하천부지 등은 모두 동양척식주식회사가 약탈한 것이다. 「국토의 이력서」를 쓴 김의원金儀遠 박사가 조사한 바에 의하면 1945년의 해방 당시 동양척식주식회사가 소유한 농토는 전국 농지면적의 약0.14~2%였다고 한다. 이처럼 동양척식회사가 엄청난 농토를 약탈했으므로 우리나라 농민들은 대부분 소작농으로 전락했고 찢어지게 가난한 생활을 하게 된 것이다.

한일합병 직후부터 동양척식주식회사를 설립하고 급하지도 않은 하천개수사업을 시작한 것은 토지를 약탈함으로써 한민족의 빈민화를 시도한 것이다.

왜냐하면 문화수준이 낮은 민족이 문화수준이 높은 민족을 무력으로 식민통치할 때는 열등의식 때문에 식민지의 빈민화 정책을 쓰지 않을 수 없기 때문이다.

메이지유신으로 사무라이의 제도가 없어지고 대량의 사무라이 실직자들이 생겼는데 한반도에 보내진 것은 이들이었다. 살인과 약탈만을 해온 무식한 사무라이 실직자들이 일본보다 문화수준이 월등히 높은 한반도에 와서 느낀 것은 열등의식밖에 없었을 것이다.

일본 권력자들은 우리나라의 문화에 대한 열등의식을 해소하고 일본인들의 우월감을 조장하기 위해 한민족의 빈민화 정책을 쓰지 않을 수 없었다. 일본의 권력자들은 물질적인 빈민화뿐만 아니라 한민족 문화유산의 파괴와 국민 정기精氣를 파괴하는 데도 많은 노력을 했다.

영국은 세계 곳곳에 식민지를 두고 지배했다. 프랑스 · 네덜란드 · 스페인 등 서구 여러 나라의 선진국은 동남아 · 아프리카 · 중남미 여러 나라를 식민통치했다. 그러나 이들의 경우에는 문화 수준이 높은 나라가 후진국을 식민통치했기 때문에 식민지문화를 파괴할 필요도 없었고 빈민화정책을 사용할 필요도 없었다.

과거 영국의 식민지였던 50여개국이 지금도 영연방英聯邦을 조직하여 서로의 친선을 도모하고 있고 네덜란드와 인도네시아도 역시 친선을 도모하고 있다. 그러나 우리나라와 일본은 어떠한가. 식민통치 때 일본인이 저지른 모든 것을 우리는 아직 잊지 못하고 있고, 이때 얼어붙은 국민감정은 여전히 풀리지 않은 상태이다.

(6) 한민족 민족정기의 말살

1995년은 대한민국이 일본의 식민통치에서 해방된 지 50년이 되는 해였다. 정부는 그간 일본인이 우리나라의 민족정기를 꺾기 위해 전국의 유명한 산과 명소 등에 쇠말뚝을 박아 놓았다는 제보를 토대로 조사한 결과, 전국 15개 지역에서 20여 개의 쇠말뚝을 발견했다고 발표했다. 내무부가 발표한 쇠말뚝이 박혀 있는 지역과 쇠말뚝의 수는 다음과 같다.

강원 : 8개소 10개

경북 : 4개소 4개

충북 : 2개소 4개

전북 : 1개소 2개

쇠말뚝의 길이는 1.5m~2m, 직경은 2.5㎝~3㎝이며 이들 쇠말뚝을 유명 산의 정상 또는 명소에 있는 바위의 정상에 박아 놓았던 것이다. 왜 이와 같이 쇠말뚝을 전국 곳곳에 박아 놓은 것일까. 내무부 당국자의 말에 의하면 일본인들은 우리나라의 민족정기를 말살하기 위해 박았다는 것이다. 우리나라, 즉 우리 한민족의 몸에 말뚝을 박아서 힘을 못 쓰게 하려고 한 것이다.

일본이 대한제국을 식민통치하는 데에 대량의 일본인이 필요했는데, 당시 한반도에 건너온 일본인은 대부분 사무라이 실직자인 낭인과 농부들이었다. 이들은 서울에 와서 5천 년의 역사를 가진 양반들의 문화를 처음으로 대했다. 그것은 이들 무식한 일본인에게는 상상도 할 수 없을 정도로 수준 높은 것이었다. 양반들의 고매한 태도와 서울에 있는 여러 가지 문화유산, 그리고 한국인의 아름다운 풍습 등을 보고 일본인들은 패배감과 열등감에 사로잡혔을 게 뻔하다.

한 나라를 무력으로 정복할 수는 있지만 그 나라의 문화와 정신을 정복하기는 어렵다. 그래서 그들은 경복궁 철거계획, 삼국사기 등 우리나라의 유구한 역사서를 말살하려는 계획 등을 세웠다. 이것도 모자라서 5천 년간 이어온 민족정기를 말살하기 위해 전국 각지의 명산과 명소에 쇠말뚝을 박은 것이다. 무식한 일본인들은 산등성이에 쇠말뚝을 박으면 한민족의 정기가 말살될 것으로 생각했던 것이다.

최근에 어떤 이가 산 정상에 쇠말뚝을 박은 것은 측량원점測量原點이라고 주장한 일이 있었는데 측량원점은 돌기둥을 세우고 그 위에 ×표시를 하는 것이 일반적이다. 바위 위에 그대로 ×표시를 하는 수도 있다.

또 한 가지, 쇠말뚝의 길이가 2m나 되니 이것은 측량원점이 아니라는 것을 알 수 있다. 측량원점이라면 몇㎝면 될 텐데 2m까지 박았으니 이것은 분명히 악랄한 의도가 있는 것이다.

(7) 신사참배 강요

일본인들은 대한제국을 강제로 합병한 후 한국의 곳곳에 신사神社를 지었다. 기록에 의하면 처음에는 각 도道에 하나씩 지었고, 점차로 확대해 해방될 때까지 전국적으로 수많은 신사를 지었다.

이 신사에는 일본의 건국신화에 나오는 귀신을 모셔놓고 각급 학교의 학생들과 시민단체가 집단행사를 할 때는 반드시 참배하도록 강요했다. 일본인들은 자기들이 만든 귀신을 한국인도 숭배해야 한다고 강요한 것이다. 또 신사참배와 함께 일본 천황의 사진을 붙여놓고 그 앞에서 절을 하라고 강요했다. 각 학교의 정문에 사당을 만들어 놓고 거기에 일본 천황의 사진을 붙여놓은 뒤 교사와 학생들이 등하교할 때마다 반드시 절을 하도록 강요했다.

정주 신안학교의 교사와 학생들은 천황의 생일인 천장절天長節 집회에서 천황의 사진 앞에서 절을 하는 것은 우상숭배라며 거절했다가 교사와 학생 모두가 유죄 판결을 받고 감옥살이까지 한 사건이 있었다.

3·1운동 다음해에 동아일보는 사설을 통해 천황의 조상이 하늘나라에서 가져왔다는 삼종의 신기 앞에서 절을 하는 것은 우상숭배이니 현자賢者나 어리석은 자를 가릴 것 없이 사람의 지각을 가진 자는 모두 알아야 할 것이라고 평했다. 그러자 조선총독부는 일본 황실의 상징인 삼종의 신기를 모독했다 하여 동아일보를 무기 정간시켰다.

신사참배 강요가 구체적으로 나타나기 시작한 것은 1938년 평양의 산정교회 신축 후 헌당 예배 직전에 이 교회의 주기철 목사를 감금했을 때부터

였다. 주기철 목사는 신사참배는 우상숭배라고 하여 거절해오다가 결국은 총독부 관헌들에 의해 감금당했다. 주기철 목사뿐만 아니라 전국의 목사와 기독교 신자들은 끝까지 신사참배를 거절했고, 고문과 감옥소를 택한 기독교인이 2천여 명이나 되었고 그중 목사는 50여 명이었다고 한다. 뿐만 아니라 조선총독부는 신사참배를 거절한 2백여 개의 교회를 결국 폐쇄했다.

주기철 목사는 신사참배보다 죽음을 택하고, 끝까지 우상숭배를 거부함으로써 우리나라의 광복도 보지 못하고 1944년 4월에 7년간의 옥살이를 끝으로 평양형무소에서 순교했다.

조선총독부는 자기들이 만든 귀신 앞에 절하지 않는다고 감옥에 가두고 천황의 사진 앞에서 절하지 않는다고 감옥에 가두었다. 당시 우리 선조들은 강요에 의해 형식적으로 신사 앞에서 머리를 수그리긴 했지만 마음속으로는 귀신은 물론 그것을 만든 그들도 경멸했을 것이다.

당시 일본인보다 문화수준이 훨씬 앞선 대한제국의 국민들은 야만적인 일본인을 어떻게 생각했을까. 당시만 해도 우리 국민들은 일본인을 왜놈이라고 불렀고 왜놈은 상놈이라고 여겼다. 왜놈이 만든 귀신을 어떻게 숭배할 수 있었겠는가.

8. 일본의 멸망을 막아야 한다

(1) 이웃 나라 일본

우리나라와 일본은 지리적으로 가깝기 때문에 고대로부터 많은 교류를 해왔고 지금도 역시 세계 어느 나라보다도 친밀한 관계를 맺고 있다. 우리 민족은 일본에 국가가 형성되기 전부터 일본에 건너가서 한반도의 발전된 문화를 일본에 전해왔다. 그 결과 현재 일본에 산재해 있는 문화유산에는 우리 조상들의 숨결이 아직도 남아 있다.

일본 인구의 일부는 한반도에서 건너간 한민족의 후손이고, 지금도 많은 한국인이 재일동포라는 이름으로 일본에 거주하고 있다. 이들도 멀지 않아서 옛 우리 조상들처럼 일본인이 될 것이다. 이와 같이 일본은 우리와 밀접한 관계를 맺고 있고 앞으로도 여러 가지 면에서 우리와 끊을 수 없는 이웃이 될 것이다.

일본은 1900년대부터 아시아의 여러 나라를 침범하고 수많은 죄 없는 사람들을 학살했다. 그것도 모자라 1941년에는 선전포고도 하지 않고 미국 하와이를 공격함으로써 태평양전쟁을 일으켰다. 미국은 일본의 침략을 좌시하지 않고 1945년에 나가사키와 히로시마에 원자탄을 투하하여 일본의 침략을 막았다.

이것으로 일본의 전쟁욕은 제동이 걸려서 지금은 비록 움츠리고 있으나 일본은 군사력만 강해지면 언제든 옛날과 같은 침략전쟁을 시작하려 들 것이다.

하지만 21세기는 지난 20세기와는 달리 다른 나라를 침략하여 전쟁을 일으키면 그 결과가 어찌될 것인지 불을 보듯 뻔하다. 일본은 멸망의 종말을 맞게 될 것이다.

우리는 일본의 멸망을 바라지 않는다. 일본에는 우리 민족의 자손들이 살고 있고, 옛부터 세계 어느 나라보다 우리와 가까운 관계를 맺어왔던 이웃나라이기 때문이다.

이웃나라 일본의 멸망을 막기 위해서 우리는 무엇을 어떻게 해야 할 것인가. 이 문제에 대해 함께 생각해보기로 한다.

(2) 귀신을 만들어서 숭배하면 벌을 받는다

신이 모세에게 내린 십계명에 인간은 우상을 만들지 말고 살인하지 말라고 했다. 또 성경에는 우상을 만들어서 숭배하고 섬기면 벌을 받을 것이며 그 벌은 아비로부터 아들까지 3,4대에 이르게 할 것이라고 가르치고 있다.

이것은 인간에게 내린 창조주의 섭리이자 우주의 진리인 것이다. 인간이 우상을 만들어 숭배하고 섬기면 그 우상이 인간의 마음의 눈과 귀를 가리기 때문에 창조주의 섭리와 우주의 진리를 볼 수도 없고 느끼지도 못하게 되는 것이다.

일본인들은 2천 년 전부터 수많은 귀신을 만들어서 숭배하고 있기에 창조주의 섭리와 우주의 진리를 느끼지도 못하고 보지도 못하고 있는 것이다. 인간은 창조주의 섭리에 따라 서로 사랑하고 어린 사람이나 나이 많은 사람이나 건강한 사람이나 허약한 사람이나 부자나 가난한 사람이나 지위가 높은 사람이나 지위가 낮은 사람이나 등등 모든 사람이 행복하게 살 수 있게 만든 것이다.

그러면 창조주의 섭리를 어기고 우상을 만들어서 숭배하고 섬기면 어떻게 될 것인가. 성경에서는 벌을 받는다고 가르치고 있다. 이 벌은 세 가지 형태로 분류된다.

*자신이 자신에게 가하는 벌

인간이 창조주의 섭리를 어기면 자신이 자신에게 벌을 가하게 된다. 창조주는 인간을 창조할 때 각 개인에게 양심이라는 것을 주어서 창조주의 섭리에 어긋나는 일을 하면 자신의 양심이 용납하지 않게끔 만들었다. 이 양심은 사람이 자라는 과정과 환경에 따라서 조금씩 다르다. 창조주가 인간에게 최대한 자유를 주기 위해 이와 같이 만든 것이라고 생각된다. 따라서 인간이 창조주의 섭리에 어긋난 일을 하더라도 양심이 자기에게 가하는 벌도 사람에 따라서 조금씩 다를 것이다. 일반적으로는 창조주의 섭리를 어기면 자신의 양심이 용서하지 않을 것이고 정신적인 고통을 받게 될 것이다. 이것이 과하면 자멸을 피할 수 없게 될 것이다.

개인 아닌 국가 또는 민족이 창조주의 섭리를 어기면 자기 나라 또는 자기 민족에게서 벌을 받을 것이다. 최근 일본에서 일어났던 옴진리교의 독가스 사건은 자기 민족이 자기 민족에게 벌을 준 하나의 예이다. 우상을 만들어서 섬기는 사이비 종교의 교주가 원한관계도 없는 수많은 자기 민족을 살해한 것은 이렇게 설명할 수밖에 없다.

*다른 사람 또 다른 민족이 가하는 법

한 개인 또는 한 민족이 벌을 받을 때는 다른 사람 또는 다른 민족이 벌을 주게 된다. 일본이 1900년대 초부터 동아시아의 여러 나라를 침략하고 수많은 사람을 학살하여 창조주의 섭리에 도전했다. 미국은 일본의 침략과 학살을 좌시하지 않고 원자탄이라는 인류 최대의 벌을 주었다. 국가와 민족에 대한 벌은 무겁고 가혹하다.

*창조주가 직접 주는 벌

세 번째의 벌은 마지막으로 창조주가 직접 주는 벌이다. 이것은 개인이나 국가 민족이 주는 벌보다 더 무겁고 더 가혹하다.

로마 제국은 수백 년 동안 주변국가를 침략하여 인명을 살상하고 재물을 약탈하여 창조주의 섭리에 도전한 결과 서기 79년에는 베스피오 화산이 폭발하여 그 근처에 있는 폼페이 시가 매몰되어 수많은 시민이 뜨거운 용암 더미에 묻혀 신음하면서 죽어갔다. 폼페이 시의 당시 인구가 약 2만 명으로 추산되므로 이들 모두 뜨거운 용암에 묻혀 죽어간 것이다.

로마는 창조주가 직접 내린 벌을 받고도 회개하지 않았으므로 서기 476년에는 멸망의 종말을 고하게 된다. 일본이 원자탄과 고베 지진의 벌을 받고도 회개하지 않으면 다음에는 히로시마와 나가사키에 투하된 원자탄보다 훨씬 큰 원자탄이 투하될 것이고, 고베 지진보다 더 큰 지진이 일어나서 일본은 멸망의 종말을 고하게 될 것이다.

(3) 일본에서 귀신을 추방해야 한다

일본의 멸망을 막기 위해 일본에서 귀신을 추방해야 한다. 일본에서 귀신을 추방하면 일본인들이 창조주의 섭리와 우주의 진리를 볼 수 있고 느낄수 있어 침략과 살인을 하지 않을 것이다.

어떻게 하면 일본에서 귀신을 추방할 수 있을까. 귀신은 영적인 존재이고초자연적인 존재이므로 육체를 가진 인간의 힘으로는 추방할 수 없을 것이다. 귀신을 추방하는 방법은 귀신보다 훨씬 지혜롭고 총명한 영적인 힘을소유한 존재에 의한 방법밖에는 없을 것이다. 이것은 역시 종교의 힘을 빌리는 것이 가장 좋을 것이다.

종교에는 불교 기독교 회교 등이 있으나 귀신을 추방할 수 있는 종교는역시 기독교일 것이다. 성경에는 귀신을 추방하는 가르침이 많다. 기독교는우주의 창조주의 존재와 그의 섭리를 믿고 있으므로 귀신을 추방할 수 있는유일한 종교라고 생각된다. 즉 창조주의 섭리에 순응하고 정사正邪를 가릴수 있는 맑은 정신으로 귀신을 추방할 수 있을 것이다.

일본에는 수천 년 전에 불교가 전파되어 대부분 일본인이 불교를 믿고 있으나 아직 귀신을 추방하지 못하고 있다. 또 일본에는 유사종교가 성행하고있으나 이들 유사 종교는 귀신의 활동을 더욱 조장하는 효과를 주고 있다.

메이지유신 이후 일본의 권력자들은 일본문화의 열세를 만회하기 위해역사를 조작하고 동시에 신도神道라는 유사종교를 만들어서 국민에 강요했다. 이 신도는 건국신들을 숭배하는 종교인데 교의教義가 없는, 세계에서도 유례가 없는 종교이다.

기독교에는 성경, 불교에는 불경, 회교에는 코란이 있으나 신도라는 이 일본교日本敎에는 신사神社라는 건물만 있고 교의가 없다. 일본에는 수많은 신사가 있고 이 신사들을 정부에서 관리하고 있다. 말하자면 정부에서 귀신의 존재를 강조하고 있는 것이다.

이와 같이 교의도 없는 일본교를 믿는 한 일본인들은 역사를 조작하여 이웃나라를 침략하고 죄 없는 많은 사람을 학살할 것이다. 일본에서 귀신을 추방하려면 온 국민이 기독교를 믿고 창조주의 섭리에 순응해야 할 것이다.

(4) 근친결혼을 금지해야 한다

일본인들은 4촌까지 결혼할 수 있게 법적으로 허용되어 있다. 근친결혼을 하면 결함 있는 유전자가 결합하여 결함 있는 자식이 태어날 확률이 높다고 한다. 앞에서 언급한 바와 같이 일본에는 근친결혼에 의해 태어난 정신박약아(정서적으로 불안한 사람들)가 많은 편이다. 이들 정신박약아가 일본을 그릇된 방향으로 이끌어 가고 있으므로 일본인들의 침략과 학살은 더욱 많아질 것이다.

기독교의 성경에서는 근친상간을 하면 벌을 받을 것이라고 가르치고 있는데 일본인들은 무슨 벌을 받은 것인가. 1995년 일본을 떠들썩하게 했던 옴진리교 신자들이 독약으로 대량의 동족을 학살한 사건은 대표적인 예이다. 이 사건은 근친결혼에 의해 태어난 사이비 종교 신자들이 한 일이었다.

일본의 지식인들과 정치인들은 일본의 멸망을 막기 위해 근친결혼 금지를 법적으로 정해야 할 것이다.

(5) 우리는 항상 일본보다 강해야 한다

창조주의 섭리에 순응하고 평화를 사랑하는 세계 여러 나라는 일본이 옛날처럼 만행을 못하도록 힘을 길러야 한다. 일본인들은 강한 자 앞에서는 움츠리고 약한 자에게는 잔인하게 구는 본성이 있으므로 우리는 항상 일본보다 강해야 한다. UN과 같은 국제기구가 계속 유지된다면 일본인들은 다른 나라를 함부로 침략하지 못하고 움츠리고 있을 것이다. 그러나 일본은 군사력이 강해지면 곧 UN을 무시할 것이다.

1894년 청일전쟁과 1904년의 러일전쟁에 승리한 일본은 만주를 식민통치했는데 당시 국제연맹이 일본의 만주식민통치를 비난하자 일본은 국제연맹을 탈퇴하고 동아시아의 여러 나라를 본격적으로 침략했다. 이처럼 지금은 비록 움츠리고 있으나 일본은 군사력이 강해지면 언제든지 이웃 나라를 침략할 것이다. 우리가 항상 일본보다 강해야 하는 이유가 여기에 있다. (*)

지은이 | 안수한
펴낸이 | 장말희
펴낸곳 | 도서출판 장락
편집·표지 디자인 | 김용정

초판인쇄 | 2006년 4월 8일
초판발행 | 2006년 4월 20일

등록일 | 1991년 7월 25일   등록번호 | 제21-251호

주소 | 110-350 서울시 종로구 운니동 65-1 월드오피스텔 1103호
전화 | 02) 3673-0315~6 팩스 | 02) 3673-0317

값 | 8,000원
ISBN 89-91989-01- 2-03330